VONNIS EN GATEN

Het Spoor van de anti-Trump Samenzwering en het Mueller-Onderzoek

Boek 2 van "ONDANKS HEN"

Janvier T. Chando

TISI BOOKS

NEW YORK, RALEIGH, LONDEN, AMSTERDAM

GEPUBLICEERD DOOR TISI BOOKS

VONNIS EN GATEN: Het Spoor van de anti-Trump
Samenzwering en het Mueller-Onderzoek
© 2019 door Janvier Chando

ISBN-13: 978-1-6959-4798-6
ISBN-10: 1-6959-4798-3

GEPUBLICEERD DOOR TISI BOOKS

www.tisibooks.com

NEW YORK, RALEIGH, LONDEN, AMSTERDAM

Gedrukt in de Verenigde Staten van Amerika

Non-Fictie Titels door Janvier T.Chando

ONDANKS HEN: Het tweetermijnpresidium van Donald Trump
FALLEN HEROES: Afrikaanse Leiders Wier Moorden...
OEKRAÏNE: De Touwtrekwedstrijd tussen Rusland en het Westen
DE CANARIS IN EEN KOLENMIJN-EFFECT...
KAMEROEN: De Achtervolgd Hart van Afrika

Fictie Titles van Janvier Chando

De Usurpator: en Andere Verhalen
Driedubbele Agent, Dubbel Kruis
Discipelen van Fortuin
De Union Muzhik
Het Meisje op de Spoor
Flits van de Zon
Fortuin Roept
Meester van Fortuin
Kinderen van Fortuin
De Norilsk Beren
Mij Vóór Hen
De Vuur en Ijs Legende
De liefste Waanzin
De Grootmoeders
Het Honger Vuur
De Tinten van Vuur
Vader en Zonen
De Dokter
Donkere Tinten
De Noodlottige Relaties
Het Vonnis van Hades
De rechtszaak van Zijne Majesteit
Ngoko's Dwaasheid
De Usurpator
De Bruidsschat
Ik ben Gehaat
Het Pummel

Aankomende Titels door Janvier Chando

De Witte Valk
De Norilsk Beren
De Thuis Zwervers
De Sterfelijke Vrienden

Toewijding

Dit boek is opgedragen aan Anna M. Chitja, Dr. Samuel F. Tchwenko, Christopher N. Chando

Erkenning

Mijn diepste, warmste en eeuwigste dank aan Salomon Muna Yakana, Macdonald Chanda, Emos Mbiatom

Inhoud

VONNIS
EN
GATEN

Boek 2 van "ONDANKS HEN"

Citaten

"We zien dat het menselijke ras op dit moment is verdeeld in één wijze man, negen schurken en negentig dwazen uit elke honderd. Dat wil zeggen, door een optimistische waarnemer. De negen schurken verzamelen zich onder de vlag van de meest schurken onder hen en worden 'politici'; de wijze onderscheidt zich, omdat hij weet dat hij hopeloos in de minderheid is en zich wijdt aan poëzie, wiskunde of filosofie; terwijl de negentig dwazen naar verluidt onder de vaandels van de negen schurken naar de doolhoven van chicanery, kwaadaardigheid en oorlogvoering sjokken. Het is prettig om het bevel te voeren, constateert Sancho Panza, zelfs over een kudde schapen, en dat is waarom de politici hun banieren opheffen. Het is bovendien hetzelfde voor de schapen, ongeacht de vlag. Als het democratie is, worden de negen schurken leden van het parlement; als het fascisme wordt, zullen zij partijleiders worden; als communisme, commissarissen. Niets zal anders zijn, behalve de naam. De dwazen zullen nog steeds dwazen zijn, de schurken nog steeds leiders, de resultaten nog steeds uitbuiting. Wat de wijze man betreft, zijn lot zal vrijwel hetzelfde zijn onder elke ideologie. Onder democratie zal hij worden aangemoedigd om te verhongeren in een zolderkamer, onder fascisme zal hij in een concentratiekamp worden geplaatst, onder communisme zal hij worden geliquideerd."

T.H. White

"Vergeet niet, onthoud altijd, dat wij allemaal, en u en ik in het bijzonder, afstammen van immigranten en revolutionairen."

Franklin D. Roosevelt

"We creëren wat het verdient om dwaze cultuur te worden genoemd, het is geen dwaze subcultuur die elke samenleving heeft, die borrelt onder de oppervlakte en die veilig plezier kan bieden, maar de cultuur zelf. Voor het eerst , de rare en de domme en de grove worden onze culturele norm, zelfs ons culturele ideaal."

Carl Bernstein

"Als je vrede wilt sluiten met je vijand, moet je met je vijand werken. Dan wordt hij uw partner."

Nelson Mandela

"Hier is het voor de gekken. De buitenbeentjes. De rebellen. De herrieschoppers. De ronde pinnen in de vierkante gaten. Degenen die dingen anders zien. Ze zijn niet dol op regels. En ze hebben geen respect voor de status quo. Je kunt ze citeren, niet mee eens, verheerlijken of belasteren. Het enige dat je niet kunt doen, is ze negeren. Omdat ze dingen veranderen. Ze duwen de mensheid naar voren. En hoewel sommigen ze misschien als gekken zien, zien we geniaal. Omdat de mensen die gek genoeg zijn om te denken dat ze de wereld kunnen veranderen, zij het zijn die dat doen."

Rob Siltanen

"De mensheid moet een einde maken aan oorlog voordat oorlog een einde maakt aan de mensheid."
John F. Kennedy

"De meest gevaarlijke man, voor elke regering, is de man die in staat is om dingen zelf uit te denken zonder rekening te houden met de heersende bijgeloof en taboes. Bijna onvermijdelijk komt hij tot de conclusie dat de regering waarin hij leeft oneerlijk, krankzinnig en ondraaglijk is en dus, als hij romantisch is, probeert hij het te veranderen. En zelfs als hij persoonlijk niet romantisch is, is hij geneigd onvrede te verspreiden onder degenen die dat wel zijn."
H.L. Mencken

"De donkerste plaatsen in de hel zijn gereserveerd voor degenen die hun neutraliteit behouden in tijden van morele crisis."
Dante Alighieri

"Uiteindelijk wordt je niet afgemeten aan hoeveel je onderneemt, maar aan wat je uiteindelijk bereikt."
Donald Trump

'Leef alsof je morgen sterft. Leer alsof je voor altijd zou leven. '
Mahatma Gandhi

"Alles wat we horen is een mening, geen feit. Alles wat we zien is een perspectief, niet de waarheid. '

"Ik heb mijn school nooit laten interfereren met mijn opleiding."
Mark Twain

"... De wereld wordt zo nu en dan gezegend met unieke zielen die, hoewel belast door hun onzichtbare kruisen, nog steeds de buitengewone kracht hebben om verder te gaan in het leven en tegelijkertijd een helpende hand te bieden. Ondanks hun beproevingen denken de meesten van ons dat het goed met ze gaat. Zelfs wanneer het gewicht van hun kruisen ondraaglijk wordt, zelfs als ze ademloos verdergaan, hebben we nog steeds moeite om te begrijpen dat ze verdrinken. We veroordelen ze zelfs omdat ze niet meer hebben opgeofferd ... '
Janvier Chouteu-Chando, Disciples of Fortune

"Het is niet de persoon met veel geld die gelukkig is. Het is de persoon met genoeg geld die gemakkelijk geluk vindt."
Alexander Zakharchenko

"Je leidt een man op; je leidt een man op. Je leidt een vrouw op; je leidt een generatie op. '
Brigham Young

Kaarten

Kaart van de Verenigde Staten van Amerika

Kaart van de Presidentsverkiezingen van 2008

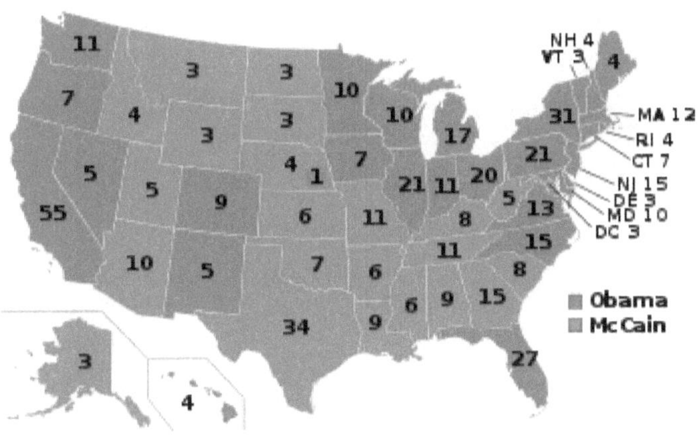

Kaart van de Presidentsverkiezingen van 2012

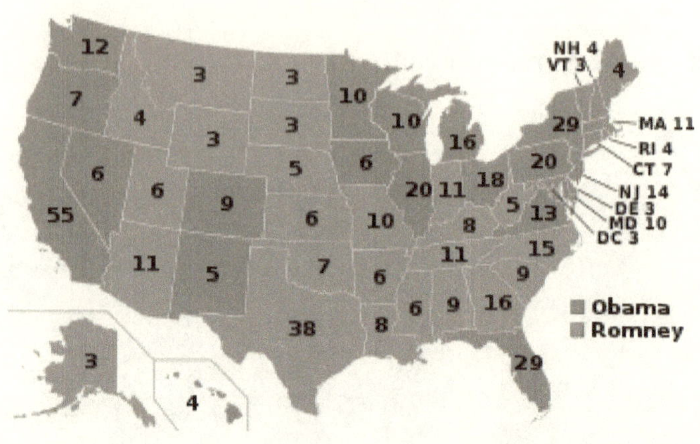

Kaart van de Presidentsverkiezingen van 2016

Democratische Partij
Republikeinse partij
Libertarische Partij
Groen Partij
ConstitutiePartij

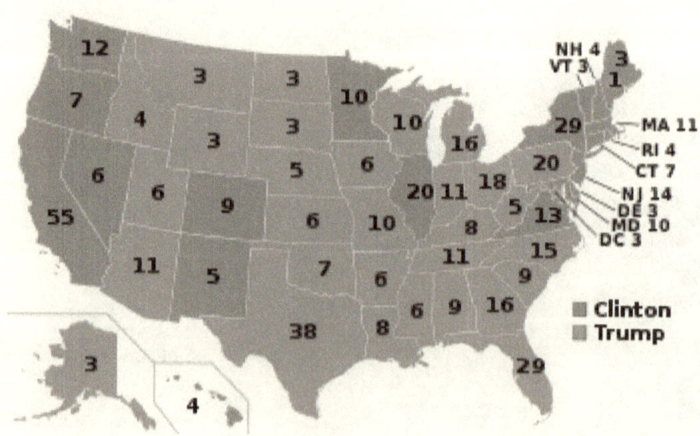

Samenvatting van de Resultaten van de Presidentsverkiezingen van 2004-2016

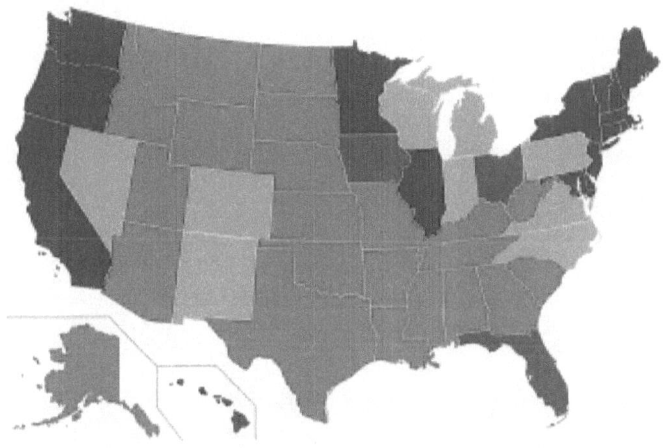

Invoeringn

It Het is meer dan twee en een half jaar geleden sinds de inhuldiging van de gerenommeerde zakenman en televisiepersoonlijkheid Donald John Trump als de 45e en huidige president van de Verenigde Staten van Amerika na zijn overstuur overwinning tegen Hillary Rodham Clinton, de genomineerde van de Democratische Partij in de presidentsverkiezingen van 2016. De kleurrijkheid van dat ras drong zich meer in de herinnering van de meeste Amerikanen en een groot aantal burgers van andere landen van de wereld op dan enige andere presidentsverkiezingen ervoor. Zijn electorale triomf was het hoogtepunt van een fascinerende campagne, waarbij de Republikeinse partijvoorverkiezingen als een teaser dienden waar hij als overwinnaar uitkwam tegen een lange rij van dertien kanshebbers, en vervolgens de nominatie van de Republikeinse Partij in de wacht sleepte.

Het boek *Vonnissen en Gaten* komt binnen als een verhaal van wat door velen wordt beschouwd als het meest beschamende politieke circus dat de Verenigde Staten in meer dan een halve eeuw hebben meegemaakt. Als het verhaal van Russische interferentie in de presidentsverkiezingen van 2016 en de aantijgingen dat de campagne van Donald Trump samenspande met Rusland om hem te helpen winnen tegen de hoog aangeschreven Hillary Clinton bedoeld was om een Amerikaanse toenadering tot Rusland te voorkomen, dan diende het zijn doel in het kort termijn; als het de bedoeling was het politieke establishment te versterken, bewees de uitkomst van het onderzoek van de speciale raad dat het meer vragen dan antwoorden opleverde en dat het een platform creëerde waarop de onderzoekers konden worden onderzocht.

Het zijn echter niet alleen elementen van de bureaucratie die recentelijk valkuilen hebben ervaren. De afgelopen drie jaar hebben de westerse mainstream-media blootgestaan aan zelfcensuur, omdat steeds meer mensen hun krachtige rol gingen begrijpen in het creëren van verhalen en consensus, in het genereren van doubletalk en in het bijdragen aan het wrak van persvrijheid op een manier die sommigen dwingt experts om parallellen te trekken tussen de reguliere media in het Westen vandaag en de media in het Sovjettijdperk toen onpartijdig en onafhankelijk denken ontbrak, waar propaganda elke dag als nieuws werd geproduceerd, wanneer censuur de norm was en wanneer schijngeloof aangedreven door een de ideologie van utopie heerste opperste. Anders dan in de dagen van het Communistische Oosten en de Unie van Socialistische Sovjetrepublieken (USSR) of de Sovjetunie waar de media werden gebruikt om de ideologie, het systeem en de ondemocratische regering te ondersteunen; de westerse bedrijfsmedia worden gedomineerd door de linkse communicatie-uitingen, verspreiden nieuws en informatie die de Trump-administratie ondermijnen en die de bureaucratie en het politieke establishment versterken met een doel dat maar heel weinig mensen kunnen doorgronden.

Het doel van *Vonnissen en Gaten*, dat in essentie boek 2 is van het verhelderende en baanbrekende boek *ONDANKS HEN: Die zwei Amtszeiten Präsidenten von Donald Trump,* is om een duidelijk en coherent beeld te geven van het verhaal dat is voortgekomen uit de bewering dat de Trump-campagne samenspande met Rusland om de presidentsverkiezingen van 2016 te winnen. Het is ook een reis naar de slachtoffers van het Mueller-onderzoek en degenen die gerechtvaardigd zijn in wat de president een heksenjacht noemt. Hopelijk biedt dit verslag lessen die het geregeerde en het regerende in de Verenigde Staten van Amerika, evenals de media die hen zouden moeten helpen, hun rol te spelen voor het welzijn van het land; hopelijk helpt dit account bij het creëren van een beter begrip tussen alle concurrerende facties in de Amerikaanse samenleving, in de overheid en in de VS. economie.

Aan het einde van dit verslag zien we dat we de middelen hebben gekregen om tot onze eigen conclusies te komen om te bepalen of de bewering van de initiatiefnemers en aanhangers van het Mueller-onderzoek waar is dat het samenspanningverhaal tussen Trump en Rusland zelf niet de misdaad was , maar dat de 'cover-up' is; of dat het hele onderzoek een heksenjacht was die zijn doel niet volledig kon dienen.

Prolegomenon

Het atypische karakter van het presidentschap van Donald Trump domineert de gesprekken van veel families en vrienden die samenkomen om brood of toast te breken in hun huizen, eetgelegenheden, bars en andere openbare plaatsen tijdens de grote feestdagen. Maar als in 2016 en het grootste deel van 2017 het onderwerp van discussie was over hoe de zakenman en de tv-ster de presidentsverkiezingen van 2016 wonnen,hoe hij de mainstream media verachtte, en hoe hij de meeste Amerikanen en de meerderheid van de geïnformeerde mensen van de wereld verwonderde of verbaasde, de uitwisselingen van vandaag zijn reflectiever, nuchterder, grimmiger en compromislozer geworden, hetgeen de polariserende aard van vandaag weerspiegelt, vooral in de Verenigde Staten van Amerika.

De huidige aard van de politiek in het land weerspiegelt de schijnbare verharding van de meningen, overtuigingen en standpunten van de twee belangrijkste politieke partijen, ontwikkelingen die de mensen versterken die hen ondersteunen of die hun mening ondersteunen.

Discussies, gesprekken, argumenten, adviezen en

debatten van vandaag gaan tegenwoordig meer over het presidentschap van Donald J. Trump dat logica tart --- het onvermogen om de 45e president vast te pinnen op de vele claims of aantijgingen tegen hem; de zogenaamde verhoogde polarisatie van de Amerikaanse samenleving op een moment dat hij meer steun wint van de raciale minderheden van het land; de vervreemding van de traditionele bondgenoten van Amerika in een tijd die betrokken raakt bij de werking en financiering van de NAVO (Noord-Atlantische Verdragsorganisatie), de intergouvernementele militaire alliantie tussen 29 landen in Noord-Amerika en Europa; de economische en handelsoorlogen van de Verenigde Staten van Amerika, niet alleen de tegenstanders van Amerika, maar ook zijn bondgenoten en partners; de schijnbare neiging van de Amerikaanse president om economische en militaire overeenkomsten op te heffen die de supermacht met andere landen had gemaakt, vooral wanneer hij dat ziet de verdragen niet langer in het belang van Amerika waren, enz. enz.

De taak van een expert die rationele antwoorden zoekt op de turbulentie in het sociaal-economische en politieke leven van het land, die voortvloeit uit de blinde en berekende actie van zowel Trump als degenen die zich verzetten tegen zijn persoon en zijn beleid begint met een goed begrip van de beloften die de president heeft gedaan, vooral nadat hij de nominatie van de Republikeinse Partij heeft gewonnen, en vervolgens krachtiger beloofde tijdens de verkiezingscampagne om "Amerika Weer Geweldig te Maken"--- *Make America Great Again (MAGA)*…

   Terwijl Donald Trump zich vestigt in de tweede helft van zijn eerste termijn en zich begint te positioneren voor een andere termijn, zal de evolutie aantonen dat zijn bevel over het hoogste ambt van het land voordeliger zou kunnen zijn dan verwacht voor het land, vooral omdat de conflicterende krachten in het land de realiteit van zijn presidentschap onder ogen zien en ook hij zich aanpast aan de realiteit van consensus in besluitvorming door overeenstemming te zoeken met de rechterlijke macht en bevoegdheden overheidswetgeving. Het resultaat van deze onvermijdelijke compromissen van het Trump-kamp en het kamp van degenen die tegen of lauw zijn tegen het Trump-presidentschap, belooft de komende achttien maanden en mogelijk de komende zes jaar inderdaad zeer kleurrijk te maken.

HOOFDSTUK EEN

De Salamander

"Twee dingen zijn oneindig: het universum en de menselijke domheid; en ik ben niet zeker van het universum."

Albert Einstein

"Het beste wat je je vijand kunt geven, is vergeving; een tegenstander, tolerantie; een vriend, je hart; je kind, een goed voorbeel; een vader, eerbied; aan je moeder, gedrag waar ze trots op zal zijn jij; voor jezelf, respect; voor alle anderen, liefdadigheid."

Benjamin Franklin

"De vijand is niet degene die naar u kijkt met een zwaard in zijn hand, het is de tegenstander. De vijand is degene achter je met een mes in de rug."

Thomas Sankara

Mensen, en meer in het bijzonder de categorie Amerikanen wiens loyaliteit aan iemand of aan een entiteit afhankelijk is van de persoonlijke voordelen die ze hebben als ze een relatie hebben met die persoon of dat lichaam, hebben er moeite mee de aard van de steun van Donald Trump te begrijpen. De ontkoppeling kan worden teruggevoerd tot ver terug, zelfs vóór het begin van zijn presidentschap, toen veel experts en analisten van verschillende tinten voor het eerst probeerden uit te werken over de reden voor de 35 procent solide steun die de president onder het electoraat had gekregen sinds zijn verkiezing in het Oval Office, alsof alles afhangt van empirische formules. De afgelopen twee en een half jaar hebben echter verschillende tekortkomingen aan het licht gebracht in de analyses die door sommige van deze goeroes of savants zijn gepostuleerd over de aard van Donald Trump's belangrijkste aanhangers.

Hoe verklaart men dan het feit dat de Republikeinse Partij die traditioneel zorgde voor de belangstelling van de rijke klasse en die veel steun kreeg van de diep religieuze van het land, een miljardair Republikein in het Witte Huis heeft die desalniettemin de steun van een medley-reeks Amerikanen die Hillary Clinton omschreef als een "Basket of Deplorables", van wie de meerderheid economisch achtergesteld is, maar toch de groep vormen die het hoogste percentage van zijn belangrijkste aanhangers heeft?

Het feit dat deze categorie Amerikanen steeg van 35 procent begin 2017 tot 36 procent in April 2019, met de toename van alle raciale groepen in het land, biedt een intrigerende invalshoek voor alle Gung-ho-analisten.

We hoeven niet diep na te denken of ver te zoeken om erachter te komen waarom veel mensen die toename onder Donald Trump's belangrijkste aanhangers intrigerend vinden. De verwachting die gepaard ging met de sluiting van 2018-2019 toen de meeste van zijn tegenstanders en zelfs enkele van degenen die niet echt tegen hem waren, dachten dat de impasse tussen Republikeinen en Democraten in het Congres over de financiering van de voorgestelde grensmuur van de president de omvang van zijn kern zou verkleinen supporters, was gebaseerd op solide analyse. De verwachtingen van de oppositie ten aanzien van de politieke winst van die hik bleken echter alleen een pyrrhische overwinning te zijn. Alle verschillende peilingen die sinds Januari 2019 zijn gehouden, laten een constante daling zien van het percentage Amerikanen dat het presidentschap van Donald Trump afkeurt, een daling die stabiel is gebleven tot het punt waarop de kernondersteuning van de president is gestegen tot 36 procent van de volwassen Amerikanen.

Goedkeuringsbeoordeling 2019 van Trump Administration

Bedrijf/ Maandelijkse Percentages	Januari 2019	Februari 2019	Maart 2019	April 2019	Mei 2019
*Ipsos (*voor *Reuters)*	39%	41%	42%	39%	39%
*YouGov (*voor *The Economist)*	37%	40%	43%	42%	42%

Investor's Business Daily	42%	39%	41%	41%	43%
NBC News/Wall Street Journal	43%	46%	53%		46%
Gallup	37%	43%	39%	46%	

Er zijn bepaalde dingen, bepaalde mensen en bepaalde situaties die de goed geïnformeerde geest moeilijk kan doorgronden. Donald Trump is een van hen. Er is zoveel vuil naar hem geslingerd dat zijn goedkeuringsclassificaties tot het punt hadden moeten dalen dat we van hem een vernederend verlies in de presidentsverkiezingen van 2020 zouden moeten verwachten met een lager percentage of een lager aantal stemmen dan zelfs Jimmy Carter, die als zittende , verloor de presidentsverkiezingen van 1984 met 41% (35.480.115) aan de 50,7% van Ronald Reagan (43.903.230). Het is alsof het Amerikaanse volk, of meer specifiek de belangrijkste aanhangers van Donald Trump, tot de conclusie zijn gekomen dat de Amerikaanse politiek, net als die van veel andere landen die worden gedomineerd door machtige belangengroepen, vol zit met intriges, samenzweringen, schijngeloof en geheim plannen; het is alsof ze iets van Machiavelli zien in diegenen die zich tegen de 45e president verzetten en zo instinctief en berekenend reageren door de reguliere media te wantrouwen die beschuldigingen, waarvan vele ongegrond zijn, dat de president met Rusland samenspande, gerechtigheid belemmerde , enz.

De belangrijkste aanhangers van Donald Trump wantrouwen de bureaucratie die bestaat uit kabinetsafdelingen, overheidsbedrijven, onafhankelijke instanties en regelgevende commissies; ze vragen zich af over de bureaucratie die de Verenigde Staten van Amerika als de enige militaire, economische en diplomatieke grootmacht van de wereld beschouwt en vastbesloten lijkt te doen wat nodig is om de wereld te blijven leiden. De bedrijfsmedia en de bureaucratie zijn minder aantrekkelijk geworden voor de meerderheid van deze Trump-kernmedewerkers sinds hij begon met het regelen van Amerikaanse zaken vanuit het Oval Office.

Het zou verkeerd zijn om te zeggen dat er geen waarheid is in alle beschuldigingen tegen de 45e Amerikaanse president, of dat hij niet al het vuil verdient dat naar hem is gegooid. De eerste heer van de Verenigde Staten van Amerika heeft onder andere een schurende persoonlijkheid, en daarom zou het niemand verbazen dat hij sommige van de mensen met wie hij de weg kruiste heeft geïrriteerd. En op basis van een scorekaart met schandalen en aantijgingen tegen hem, is het gemakkelijk om te concluderen dat hij zich aangetrokken voelt tot acties die velen moreel verkeerd en grensrechtelijk beschouwen, terwijl hij tegelijkertijd sterke immuniteit tegen hen heeft. Ik zeg het omdat Donald Trump een ambivalente verdediging heeft ingebracht tegen de beschuldigingen die zijn tegenstanders hem hebben opgelegd en die zijn belofte om "Drain the Swamp" in Washington DC te vragen in twijfel trekken, maar hij lijkt niet geschaduwd door deze beschuldigingen of claims.

Als niet:

- hoe kan dan worden verklaard dat er geen schadelijke informatie is verstrekt of dat er plotseling stilte is geweest over de verwikkelingen tussen de familie van Donald Trump, zijn bedrijven en zijn presidentschap, met name de veelbesproken Donald Trump-organisatie waarvan hij niet heeft afgestoten, een lucratief bedrijf? per se dat in 2017 minimaal $ 500 miljoen aan inkomsten en $ 479 miljoen in 2018 heeft gegenereerd?

- wat is de verklaring voor het bruisen van de lasterzaak door 15 vrouwen die beweerden dat hij hen seksueel had misbruikt?

- hoe verklaart men de afbrokkeling van de aantijging door de voormalige pornoster Stormy Daniels (echte naam Stephanie Clifford) dat ze een affaire had met de toenmalige president in 2006 en dat de advocaat van Donald Trump Michael Cohen haar de som betaalde van $ 130.000 om erover te zwijgen voorafgaand aan de presidentsverkiezingen van 2016, een actie die wordt beschouwd als een schending van campagnefinanciering, en dat is een van de acht federale misdaden die Michael Cohen bekende en een gevangenisstraf van drie jaar uitzendt?

- wat geven we als verklaring voor het knorrige karakter van zijn personeel of politiek gevolg met schandalen   zoals   de   besteding   van honderdduizenden dollars aan privévliegtuigen door de voormalige secretaris van Tom Health en Human Services; de indiscretie van de minister van Volkshuisvesting en Stedelijke Ontwikkeling Ben Carson bij het toestaan van zijn zoon om te helpen bij het organiseren van een luisterbezoek aan een bureau in Baltimore, ook al was hij hiertegen door overheidsadvocaten gewaarschuwd omdat het ethische regels zou schenden?

- Hoe komt het dat er niets is voortgekomen uit de clàims van seksueel geweld van drie vrouwen tegen Brett Michael Kavanaugh, die de 45e president van de Verenigde Staten heeft voorgedragen ter vervanging van Anthony McLeod Kennedy, de 93e Associate Justice van het Supreme Court van de Verenigde Staten die geserveerd van 1988 tot zijn pensionering in 2018 Enz.?

Bovenstaande amputaties vallen natuurlijk op als een bleke schaduw van de lijst met beschuldigingen tegen de 45e president die geen enkele consequentie hebben bewezen. Dat betekent echter niet dat de president en zijn gevolg ongeschonden zijn.

Het verhaal van Russische hacking en Rusland die de Amerikaanse presidentsverkiezingen van 2016 hebben beïnvloed, en het geloof dat Donald Trump of sommige leden van zijn team samenwerkten met de Russen en andere buitenlandse entiteiten om hem te helpen het presidentschap te winnen, heeft de dagelijkse activiteiten van de Amerikaanse president zeker vertroebeld. Het is alsof niets de situatie voor de president zou verzachten; zelfs niet de beweringen van de Russische president Vladimir Poetin dat er geen Russische betrokkenheid bij de verkiezingen was, toen hij onder andere verklaarde: *"De hysterie wordt alleen veroorzaakt door het feit dat iemand de aandacht van het Amerikaanse volk van de essentie moet afleiden van wat werd onthuld door de hackers."*

Veel Amerikanen, vooral aanhangers van Donald Trump, denken dat de Russische president gelijk heeft. Ook zij zien een samenzwering door de reguliere media en de Democratische Partij om de aandacht van zichzelf af te leiden en het Donald Trump-presidentschap en zijn oorspronkelijke intentie om goede betrekkingen tussen Rusland en de Verenigde Staten van Amerika te cultiveren, te ontwrichten.

HOOFDSTUK TWEE

Vonnissen, Ze Zeggeny

"De beste geschenken om te geven: loyaliteit aan je vriend; Aan je vijand, vergeving; Aan je baas, service; Voor een kind, een goed voorbeeld; Aan je ouders, dankbaarheid en toewijding; Aan je partner, liefde en trouw; Aan alle mannen en vrouwen, liefdadigheid."

Oren Arnold

We hoeven alleen maar terug te gaan naar het nieuws in de afgelopen twee en een half dozijn maanden om een goed beeld te krijgen van de schade die het Donald Trump-team heeft geleden als gevolg van de beschuldigingen en beschuldigingen - zowel verantwoord als onschuldig - opgelopen door de rechtvaardigheid van het land en tegenstanders van de 45e president van de Verenigde Staten van Amerika op hem en zijn team, waarvan de meeste zijn gecentreerd rond het verhaal van Russische inmenging in de Amerikaanse presidentsverkiezingen van 2016 en speculaties dat medewerkers van Donald Trump banden hadden met de Russische onderdanen die onwettig tussenbeide zijn gekomen bij de verkiezingen. Het was echter de veronderstelling dat Donald Trump en zijn team samenwerkten met Rusland in de vermeende inmenging in de verkiezingen die leidde tot wat het Donald Trump-kamp een "heksenjacht" noemt, of wat anderen een "Rusland-hysterie" noemen.

Om het Rusland-collusieverhaal te begrijpen dat werd aangewakkerd door het Trump-Rusland-dossier, ook wel het Steele-dossier genoemd dat beweert dat Rusland een bestand met compromitterende informatie over de Amerikaanse president Donald Trump heeft samengesteld, moeten we de kern van dit alles onderzoeken. De genesis omvat een functionaris van het Amerikaanse ministerie van Justitie Bruce G. Ohr en de Britse onderdaan Christopher David Steele die vanaf 1987 tot zijn pensionering in 2009 als Britse inlichtingenofficier bij de Secret Intelligence Service MI6 hebben gewerkt. Op 21 November 2014 mannen bespraken het vrijen van Oleg Deripaska, de Russische oligarch die bekend stond om zijn nauwe banden met de Russische president Vladimir Poetin, om een aanwinst te worden voor de Amerikaanse inlichtingendienst. Het plan werd versneld in September 2015, drie maanden nadat Donald Trump formeel zijn kandidatuur bij de Donald Trump Tower in New York City aankondigde, toen de FBI en Ohr formeel de diensten van Steele vroegen om een ontmoeting met de Russische miljardair op te zetten, met de bedoeling om rekruteer hem als informant over het Kremlin en de georganiseerde misdaad in Rusland, in ruil voor een Amerikaans visum. Deripaska zou niet meewerken en in plaats daarvan de autoriteiten in Rusland op de hoogte stellen van de Amerikaanse inspanning om hem te werven. Daarom besloten Bruce Ohr en een aantal Amerikaanse overheidsfunctionarissen om het Amerikaanse visum van Deripaska in 2016 in te trekken.

Maar dan zou Fusion GPS, een in Washington, DC gevestigd commercieel onderzoeks- en strategisch inlichtingenbureau David Steele in Juni 2016 inhuren om de activiteiten van Donald Trump in Rusland te onderzoeken. De nieuwe opdracht van Steele zorgde voor afkoeling van de relaties met de FBI. Hij zou echter een document van 35 pagina's bedenken dat BuzzFeed News op 10 Januari 2017 publiceerde. Dit controversiële materiaal zou bekend worden als het Trump-Rusland-dossier of Steele-dossier. Het gaat eigenlijk om een uitgebreide Russische samenzwering om Trump te kiezen; en het noemde Carter Page, Michael Cohen en andere leden van het gevolg van Donald Trump als mensen die onwettige activiteiten met Russen verrichtten om dat doel te realiseren.

Degenen die echter niet het verhaal over Ruslandcollusie kopen, zien het Steele-dossier als een nep. Ze kunnen toch een punt hebben. Op 21 December 2015 ontving de campagnevoorzitter van Hillary Clinton, John Podesta, een e-mail waarin hij onder andere aanbeveelde dat de *"beste aanpak van hun campagne is om Donald af te slachten vanwege zijn bromance met Poetin."* van 2016, vermoedelijk door agenten van Rusland, zou worden vrijgegeven door WikiLeaks vanaf 7 oktober 2016. Het Clinton-kamp vond het niet leuk, en de geërgerde Hillary Clinton zou Rusland de schuld geven tijdens het derde Clinton-Trump-debat op 19 oktober 2016, voor de DNC e-mail lekken en zou zelfs Donald Trump beschuldigen een "marionet" van Poetin te zijn, iets dat Donald Trump toen ontkende en vandaag nog steeds ontkent.

Pas toen de Amerikaanse inlichtingendienst erachter kwam dat George Papadopoulos, een campagnelid van Donald Trump, al vroeg wist dat Russen schadelijk materiaal hadden over Donald Trump's rivaal Hillary Clinton van Democratische Partij, besloten ze een onderzoek te starten. Het Federal Bureau of Investigation (FBI) reageerde door op 31 Juli 2016 officieel een geheime contraspionageonderzoek te openen met de codenaam 'Crossfire Hurricane'. Zijn missie was om meer te weten te komen over banden tussen medewerkers van Donald Trump en Russische functionarissen, en om te weten te komen over vermoedelijke coördinatie tussen de presidentiële campagne van 2016 van Donald Trump en de Russische regering, vooral met betrekking tot inmenging in de 2016 verkiezingen in de Verenigde Staten van Amerika.

Als Papadopoulos de alarmbellen van de FBI voor de e-mails van Clinton aanstak, zetten de sporen van Carter Page de FBI op zijn spoor. De Amerikaanse inlichtingendienst merkte in Januari 2015 op dat een Russische poging om Carter Page te rekruteren die destijds een eenmansinvesteringsfonds en een adviesbureau had dat gespecialiseerd was in olie- en gasactiviteiten in Rusland en Centraal, een vergeefse poging deed Azië. Carter Page zou zich aansluiten bij de presidentiële verkiezingscampagne van Donald Trump in Maart 2016 en zou Trump's adviseur voor buitenlands beleid worden. Na het hacken van DNC en het vrijgeven van DNC-e-mails door WikiLeaks, zouden het ministerie van Justitie en de FBI een FISA-bevel aanvragen om toezicht te houden op de communicatie van vier ambtenaren van de Donald Trump-campagne. In plaats daarvan kregen ze op 21 oktober 2016 een bevel om alleen Carter Page te bewaken en af te tappen, met de goedkeuring dat er een waarschijnlijke reden is om te geloven dat Page een Russische agent is. Dat was een maand nadat Carter Page de campagne van Donald Trump had verlaten.

Ondertussen, op 19 September 2016, kwamen Crossfire Hurricane-onderzoekers op het spoor van het rapport van Steele. Niet lang daarna, begin oktober 2016, vloog een team van FBI-agenten naar Europa en sprak met Steele over zijn dossier. Daar leerden ze van Steele dat een dossier van aantijgingen samengesteld door Cody Shearer, een oude DNC- en Clinton-medewerker, paste *"met wat hij afzonderlijk van zijn eigen onafhankelijke bronnen had gehoord."* Bovendien betrof het ook een niet-geverifieerde bewering dat het Russische geheim service seksueel gecompromitteerde Donald Trump in het Ritz-Carlton Hotel in Moskou tijdens het bezoek van de Amerikaanse miljardair aan Rusland in 2013.

Van eind Juli tot November 2016, door de gezamenlijke inspanning van de FBI, de Central Intelligence Agency (CIA) en de National Security Agency (NSA), werd bewijsmateriaal van Russische bemoeienis met de Amerikaanse presidentsverkiezingen van 2016 onderzocht. Tijdens het onderzoek bleek dat het FBI-team een grote mate van autonomie had binnen de bredere intergency-probe.

Het Speciaal Aanklager-onderzoek van 2017-2019 nam het werk van de FBI op 17 mei 2017 over en produceerde uiteindelijk het Mueller-rapport, waarin werd geconcludeerd dat Russische inmenging plaatsvond op een "ingrijpende en systematische manier", dat er substantiële banden met de Donald Trump-campagne bestonden, maar dat de onderzoekers geen bewijsmateriaal hebben gekregen om vast te stellen dat de Donald Trump-campagne "samenzweerde of coördineerde" met de Russische regering.

In zijn boek 'The Restless Wave' gaf de overleden Republikeinse senator John McCain intieme details over hoe hij het beruchte zogenaamde Steele-dossier verkreeg. Hij beweerde dat het allemaal begon tijdens een jaarlijkse veiligheidsconferentie in Halifax, Nova Scotia, Canada, kort na de presidentsverkiezingen van 8 November 2016, toen Sir Andrew Wood, een gepensioneerde Britse diplomaat hem hierover vertelde in aanwezigheid van Chris

Brose, een staf lid van de Senaat Armed Services Committee, en David Kramer, een voormalig assistent-staatssecretaris met Russische expertise. Hij schreef aldus over Sir Andrew Wood:

"Hij vertelde me dat hij een voormalige MI6-officier kende met de naam Christopher Steele, die de opdracht had gekregen om verbindingen tussen de Donald Trump-campagne en Russische agenten te onderzoeken, evenals potentieel compromitterende informatie over de gekozen president die [Russische president Vladimir] Poetin naar verluidt bezeten ...".

Senator McCain wees erop dat terwijl Sir Andrew Wood dacht dat de informatie niet was geverifieerd, de Engelsman erop wees dat het informatie was die Steele *"er sterk van overtuigd had dat een grondig onderzoek door contraspionagedeskundigen verdiend"*.

In opdracht van senator McCain vloog Kramer naar Londen, ontmoette Steele en keerde vervolgens terug met een kopie van het rapport. Naar zijn mening leek Steele een gerenommeerde bron. McCain zou schrijven dat *"de aantijgingen verontrustend waren, maar ik had geen idee welke als er waar waren ..."* Toch zou de Republikeinse senator wiens Vietnam-oorlogsheldstatus in Juli 2015 door Donald Trump werd ondervraagd, overhandigen het rapport aan de directeur van de FBI, Jim Comey, was ervan overtuigd dat hij deed wat zijn plicht van hem eiste.

Het feit dat Bruce Ohr eind 2017 zijn functie als plaatsvervangend procureur-generaal zou verliezen, terwijl hij zijn functie als directeur van OCDETF een tijd zou handhaven; en het feit dat hij later werd gedegradeerd door het ministerie van Justitie nadat het Senaats inlichtingencomité te weten kwam over zijn ontmoetingen met Christopher Steele en Glenn Simpson, de oprichter van Fusion GPS, verklaren waarom veel mensen, met name aanhangers van Donald Trump, denken dat het was Steele's vooringenomenheid tegen Donald Trump die resulteerde in het Speciaal Aanklager-onderzoek en de media-buzz die de regering Donald Trump afleidde van het uitvoeren van haar taken op een effectievere manier.

Kort samengevat, het Federal Bureau of Investigation (FBI) begon heimelijk met onderzoeken naar de activiteiten van Russische agenten en leden van de presidentiële campagne van Donald Trump in Juli 2016. Het was echter pas na de inhuldiging van Donald trump in Januari 2017 dat deze onderzoeken uitgebreid van, onder andere, een onderzoek naar de interactie tussen Rusland en het Donald Trump-overgangsteam en het vrijgeven van e-mails tijdens de presidentiële campagne door WikiLeaks, naar wat een volledig onderzoek van sommige leden van het team van de president werd. Anders het Speciaal raadsonderzoek of Mueller Investigation genoemd, liep de sonde van mei 2017 tot Maart 2019, een periode en de nasleep die sommige supporters van Donald Trump beschouwen als een verloren periode van zijn presidentschap. De Amerikaanse advocaat en universitair beheerder Jerry Falwell Jr., die fungeert als president van de Liberty University in Lynchburg, Virginia, sprak zijn verontwaardiging uit over wat hij de afleidende invloed van het Mueller-onderzoek beschouwde met de volgende woorden:

"Ik steun nu reparaties - Trump zou 2 jaar aan zijn eerste termijn moeten toevoegen als terugverdientijd voor tijd gestolen door deze corrupte mislukte staatsgreep..."

Jerry Falwell Jr., Donald Trump, voormalige en huidige leden van het team van de president, Donald Trump-aanhangers en het brede scala van Amerikanen en buitenlanders die belangstelling voor de Amerikaanse politiek hebben, hebben alle reden om hun wenkbrauwen op te heffen, want niet alleen het Mueller-onderzoek ontsloeg Donald Trump en zijn gevolg van de veelbesproken beschuldiging van samenspanning met Rusland, slaagden er niet in om de lucht vrij te maken voor Russische 'interferentie' in de klassieke zin van het woord als het gaat om het beïnvloeden van de uitslag van een verkiezing zoals de meeste mensen weten of zoals het als onaanvaardbaar wordt beschouwd in internationale betrekkingen. Dus het feit dat de Democratische Partij en de linkse media onophoudelijk blijven nadenken over het Speciaal Aanklager-onderzoek; het feit dat de anti-Trump-troepen in binnen- en buitenland blijven stilstaan bij speculaties dat de president gerechtigheid heeft belemmerd of heeft geprobeerd het onderzoek te beïnvloeden en dus moet worden afgezet, belemmert de vastberadenheid van Trump's belangrijkste aanhangers en degenen die sympathiek staan tegenover de kleurrijke voormalige mediamagnaat of zijn geneigd teder te zijn ten opzichte van de belegerde president. En dit zijn mensen die in de eerste plaats het hele onderzoek als een samenzwering zagen.

Op 17 mei 1919 ontwikkelde zich een wending in het verhaal van collusie met Rusland, dat tijdens en vlak na het Mueller-onderzoek was veranderd in "Obstruction of Justice", toen uit het rapport bleek dat er geen collusie was tussen de Donald Trump-campagne en de Russen om een overwinning behalen voor Donald Trump in de 2016 presidentsverkiezingen. Aanhangers van de onrustige president beschouwen 'Obstruction of Justice' als niets anders dan een andere ongegronde uitweg of argument van zijn tegenstanders als misschien hun laatste redmiddel om te voorkomen dat de non-conformist zijn volledige ambtstermijn vervult of een tweede termijn in de aankomende 2020 wint presidentiële verkiezingen.

Een persoon die geïnteresseerd is in de politieke intriges of samenzweringen die in Washington DC plaatsvinden, hoeft zich niet alleen op leden van de Democratische Partij te concentreren om politici te vinden die onder andere vinden dat de karakterfouten van de president hem ondraaglijk onpresidenteel maken. De Republikeinse Partij die volgens experts achter de president was gaan staan, vooral na de dood van de voormalige Republikeinse Senator John McCain, voelde een kier in zijn pantser toen Justin Amash, een Republikeins Congreslid uit Michigan, zich in de schijnwerpers stortte door te breken met zijn Republikein collega's door middel van openbare beweringen dat het Mueller-rapport *"... meerdere voorbeelden van gedragingen had die voldoen aan alle elementen van belemmering van rechtvaardigheid, en ongetwijfeld zou elke persoon die niet de president van de Verenigde Staten is op basis van dergelijk bewijs worden aangeklaagd".* Dit gebeurde ondanks het feit dat de Amerikaanse procureur-generaal William Barr het Congres slechts enkele weken daarvoor had verteld op basis van het rapport van Mueller en de samenvatting die hij er in Maart 2019 van maakte, Donald Trump de rechtvaardigheid tijdens het onderzoek niet belemmerde.

Hoewel de conclusie van de procureur-generaal zeker een lange weg heeft afgelegd om Donald Trump vrij te stellen en zijn aanhangers te stimuleren, ontmoedigde het een grote factie van Donald Trump-tegenstanders die onmiddellijk concludeerde dat William Barr met de president aan de kant stond en als zodanig niet te vertrouwen was. Het werd later duidelijk dat het optreden van William Barr op 1 mei 2019 in het Senaatsgerechtshof en de verklaring die hij gaf over het rapport van Robert S. Mueller III, de meeste tegenstanders van Donald Trump nog steeds niet konden overtuigen van positie te veranderen. Dus alleen een heilige dwaas, die geen idee heeft van de intriges van de politiek, zou verrast zijn geweest toen degenen die de hoofdhuid van Donald Trump zochten, Robert Mueller opriepen om een openbare verklaring af te leggen of persoonlijk over de kwestie te getuigen.

Dat is de reden waarom toen Amash verder ging door het volgende toe te voegen: *"In tegenstelling tot Barr's weergave ... het rapport van Mueller onthult dat president Donald Trump zich bezighield met specifieke acties en een gedragspatroon dat voldoet aan de drempel voor afzetting*

...", wierp hij de handschoen praktisch neer op de Republikeinse partij waarvan hij lid is en het onvermijdelijk maakte dat Robert Mueller iets zei.

Amash roept op tot een beschuldiging van Donald Trump over beschuldigingen, die tot nu toe onbewezen zijn, dat hij gerechtigheid heeft belemmerd en claims heeft opgewekt door mensen, van wie de meesten aan de kant van de president staan, dat hij een libertariër is die zich voordoet als een Republikein. In feite leidt Amash het huis Liberty Caucus, dat over het algemeen wordt beschouwd als een "conservatieve groep met een libertaire nadruk", en die wordt geassocieerd met de Tea Party-beweging. De leden van het Huis Liberty Caucus zijn Republikeinen van het Huis van Afgevaardigden van de Verenigde Staten die ideologisch conservatieven, libertariërs of libertaire conservatieven zijn. De libertair denkende filosofie van de groep is geworteld in de overtuiging dat de GOP de enige manier kan zijn om in de toekomst meer verkiezingen te winnen door de Republikeinse Partij hun libertair denkende filosofie te laten accepteren omdat kiezers deze omarmen, vooral na de onthullingen van de recente gegevensverzameling door de regering die volgens veel kiezers inbreuk maakt op hun recht op privacy.

Toen Justin Amash op 8 Juli 2019 zijn ontslag indient bij de Republikeinse leider Kevin McCarthy en House Republikeinse conferentieleider Liz Cheney, amper dagen nadat hij zijn voornemen om de Republikeinse partij te verlaten openbaar maakte, kwam het nog steeds als een verrassing voor veel mensen.

Niet geïntimideerd door de bezwaren van de oppositie

en Amash, sprak de speciale officier van justitie of het hoofd van het speciale onderzoek publiekelijk over het onderzoek op 29 mei 2019 en merkte met name op dat:

- de Verenigde Staten van Amerika werden tijdens de verkiezingen van 2016 onder een "gezamenlijke aanval" door een buitenlandse macht geplaatst
- er was geen criminele samenzwering of 'collusie' tussen de 'Russen' die de cyberaanvallen uitvoerden en leden van het campagneteam van Donald Trump
- en dat *"er onvoldoende bewijs was om een bredere samenzwering te beschuldigen,"* en dat *"het aanklagen van de president met een misdrijf daarom geen optie was ..."* konden ze overwegen.

Het opmerkelijke antwoord van Donald Trump op de verklaring van Mueller was een tweet die luidde als volgt:

"Er verandert niets aan het Mueller-rapport. Er was onvoldoende bewijs en daarom is een persoon in ons land onschuldig. De zaak is gesloten! Dank je."

Hoe moeilijk ze het ook probeerden, het Donald Trump-team kwam niet over als mensen met een vaste overtuiging dat Robert Mueller in hun voordeel sprak in zijn openbare verklaring die ook de Amerikanen vertelde dat hij met pensioen ging als speciale raadsman en dat het kantoor zou worden gesloten. Democraten en andere tegenstanders van Donald Trump vonden echter voldoende munitie in de woorden van Mueller om tegen de president te gebruiken, vooral de zin van de speciale raadsman: *"Er was onvoldoende bewijs om een bredere samenzwering aan te rekenen ...",* en een punt dat hij maakte in het rapport zei nooit dat de president onschuldig was. Hoewel Mueller ook zei dat *"... ik hoop en verwacht dat dit de enige keer is dat ik over deze kwestie zal spreken,"* eisten Democraten in het Congres zijn verschijning voor hun commissies om vragen te beantwoorden, in de hoop dat hij zou meer munitie leveren die hun zaak zou ondersteunen voor een afzetting van de president.

Dat is de reden waarom hij publiekelijk getuigde op 24 Juli 2019 in de Tweede Kamer over zijn onderzoek naar Russische inmenging bij de verkiezingen van 2016. Het was een double-header - een getuigenis van 8.30 uur in de House Judiciary Committee en nog een middag in de House Intelligence Committee. De getuigenis van Mueller bracht niets nieuws aan tafel en ontsloeg Donald Trump veel meer dan de getuigenis van William Barr en de samenvatting van het Mueller-rapport.

Ongeacht hoe Donald Trump en zijn aanhangers het proberen te interpreteren, de Amash-hik in de Republikeinse Partij is een uitbreiding van de tegenslagen die het Donald Trump-team de afgelopen twee jaar heeft geleden, ongelukken op zich die kunnen worden toegeschreven aan het onderzoek van de speciale raadsman . Amash's oproep voor een afzetting, ongeacht hoe naïef sommigen het zouden zeggen, is verankerd op grond van het feit dat sommige mensen die deel uitmaakten van ofwel het campagneteam van Donald Trump of de regering Donald Trump, of beide, schuldig zijn bevonden aan misdaden dat was niet wat de Speciaal raadsonderzoek was opgericht om te onderzoeken, waardoor velen zich afvroegen of het hele onderzoek toch geen heksenjacht was. Om zelf te oordelen, hoeven we alleen maar te kijken naar enkele van de slachtoffers of daders van het Mueller-onderzoek die niet alleen een boete hebben gekregen, maar ook zijn gediend of in de gevangenis zitten.

I: Paul John Manafort Jr.

Veel experts beschouwen de gerenommeerde Amerikaanse advocaat, lobbyist en politiek adviseur Paul John Manafort Jr. als de grootste van de vissen die het Speciaal Aanklager-onderzoek opleverde. Hoewel voor het eerst gearresteerd door de FBI op 30 oktober 2017, na een aanklacht door een federale grand jury als onderdeel van het onderzoek van Robert Mueller naar de Donald Trump-campagne, werd Paul Manafort geconfronteerd met niet-gerelateerde aanklachten voor het verhaal van Collusion with Russia, zodat de De rechtbank van het Eastern District of Virginia heeft hem op 21 Augustus 2018 veroordeeld wegens vijf tellingen van belastingfraude, twee tellingen van bankfraude en het niet bekendmaken van zijn buitenlandse bankrekeningen. De rechtbank veroordeelde hem tot 47 maanden gevangenisstraf. Dit werd gevolgd door een andere veroordeling op 13 Maart 2019 door de District Court voor het District of Columbia, waardoor hij 43 maanden gevangenisstraf kreeg, waarvan 30 hij gelijktijdig zou moeten dienen met gevangenisstraf die hij ontving van het Eastern District van Virginia. In dit tweede geval was een samenzwering om de Verenigde Staten van Amerika te bedriegen 30 van de 43 maanden goed, en geknoei met getuigen was de resterende 13 maanden. Manafort dacht eigenlijk dat hij een tweede veroordeling kon voorkomen door een pleidooi te sluiten met officieren van justitie en door de twee aanklachten op 14 September 2018 schuldig te verklaren. Echter, een gerechtelijke procedure door het kantoor van Mueller op 26 November 2018, waarbij Manafort verantwoordelijk was voor het overtreden van de pleidooi werd ondersteund door rechter van het districtsrechtbank Amy Berman Jackson, die op 13 Februari 2019 oordeelde dat hij zijn pleidooi had overtreden door herhaaldelijk tegen officieren van justitie te liegen. Zoals de zaken er nu voorstaan, wordt Manafort naar verwachting op 25 December 2024 vrijgelaten uit de Federal Correctional Institution in Loretto, Pennsylvania.

Als in een poging een presidentieel pardon te voorkomen, beschuldigden officieren van justitie in de staat New York Manafort van hypotheekfraude, samenzwering en vervalsing van bedrijfsgegevens. De actie, die amper enkele minuten na de tweede hoorzitting van 13 Maart 2019 plaatsvond, bracht hem in gevaar van extra gevangenisstraf als hij schuldig werd bevonden. De wet van het land - New York - stelt dat een gratie van de president een straf niet kan opheffen of beïnvloeden als hij veroordeeld wordt. Paul Manafort en zijn verdedigingsteam zien dubbel gevaar in de staat New York en hebben daarom dienovereenkomstig gehandeld tijdens zijn oproep aan het Hooggerechtshof van de staat New York op 27 Juni 2019 -

zijn derde strafzaak in de afgelopen jaren - door niet schuldig te verklaren frauduleuze beschuldigingen tegen hem door het kantoor van de officier van justitie in Manhattan.

In tegenstelling tot de verwachtingen, zou de zaak van Manafort toch een heksenjacht kunnen zijn geweest. Toch kon het er maar één zijn die aanvankelijk niet op Donald Trump was gericht. In zekere zin bevond de toenmalige president zich net op het proces van Manafort in Maart 2016, de dag dat de esthetisch-politieke consultant lid werd van het presidentiële campagneteam van Donald Trump. De sympathisanten van Manafort beweren dat van zijn vele "misdaden" het ernstigste advieswerk was dat hij in Oekraïne deed voor de regering van de vierde president van Oekraïne, Viktor Janoekovitsj, de leunende inwoner van de belangrijkste industriële stad en regio Donetsk, vóór de pro -Russisch Janoekovitsj werd op 22 Februari 2014 omvergeworpen door een door de Amerikaanse / Europese Unie gesteunde opstand, EuroMaidan genaamd, op grond van het feit dat hij de ondertekening van een associatieovereenkomst tussen Oekraïne en de Europese Unie heeft opgeschort en dat hij koos voor nauwere banden met Rusland en de In plaats daarvan de door Rusland geleide Euraziatische Economische Unie. Pas na die krachtige machtswisseling in Oekraïne begon de FBI naar verluidt een onderzoek naar Paul Manafort in 2014, hetzelfde jaar dat Rusland naar verluidt zijn anti-Amerikaanse campagne was begonnen, lang voordat Donald Trump zijn campagne begon om de 45e president van de Verenigde Staten van Amerika. Toen Donald Trump dat tweette, *"begon Rusland in 2014 met hun anti-Amerikaanse campagne, lang voordat ik aankondigde dat ik me kandidaat zou stellen voor president... De resultaten van de verkiezingen werden niet beïnvloed. De Donald Trump-campagne heeft niets verkeerd gedaan - geen collusie!"*, Zien we dat zijn redenering werd ondersteund door logica.

Het was echter pas aan de vooravond van Donald Trump's inhuldiging dat het publiek voor het eerst hoorde van de activiteiten van meerdere federale agentschappen die Paul Manafort onderzoeken, waaronder de Central Intelligence Agency (CIA), Federal Bureau of Investigation (FBI), de Directeur van National Intelligence (DNI), de National Security Agency (NSA), en de financiële misdrijven-eenheid van de Treasury Department. In feite beschouwde het Amerikaanse politieke establishment Janoekovitsj als een pro-Russische kandidaat in 2004 toen hij tegen de pro-Amerikaanse kandidaat Viktor Joesjtsjenko aanliep in de tweede ronde van de Oekraïense presidentsverkiezingen van 21 November 2004, die naar de mening van verschillende binnenlandse en buitenlandse verkiezingswaarnemers, werd opgetuigd door de autoriteiten ten gunste van Janoekovitsj, een verkiezingsfraude op zich die protesten veroorzaakte die het Hooggerechtshof van het land dwongen om de resultaten van de run-off te annuleren en een revot te bevelen 26 December 2004. Viktor Joesjtsjenko kwam als overwinnaar uit die herhaling door 52% van de stemmen te behalen. Dus het feit dat Manafort heeft geholpen Janoekovitsj weer aan de macht te krijgen op 22 Maart

2006, terwijl hij tegelijkertijd diende als een politiek adviseur wiens team de campagne van Janoekovitsj's politieke partij - Partij van de Regio's - effectief leidde en leidde tot het punt waarop de pro-Russische partij won de Oekraïense parlementsverkiezingen van 2006 met 32% van de stemmen, vandaar Janoekovitsj werd de premier van Oekraïne van 4 Augustus 2006 - 18 December 2007, verstoorde veren in Washington DC en de hoofdsteden van verschillende Europese landen. Dit waren mensen die de verontrustende overwinning van Janoekovitsj als een onverwachte tegenslag zagen in hun plannen voor Oekraïne, een tegenslag die overigens werd veroorzaakt door een Amerikaans particulier.

Veel van de besluitvormers in de bureaucratie van Washington en het Amerikaanse politieke establishment, in het algemeen, vonden het helemaal niet grappig dat Paul Manafort bleef samenwerken met Janoekovitsj en zijn Partij van de Regio's, en dat hij een prominente rol speelde in het maken van de Donetsk inwoner wint de run-off stemming van de Oekraïense presidentsverkiezingen van 2010 tegen de door de VS / EU gesteunde Joelia Timosjenko. Om nog meer belediging toe te voegen, werd Joelia Timosjenko op 11 oktober 2011 veroordeeld tot zeven jaar gevangenisstraf wegens vermeende misbruik van haar ambt als premier van Oekraïne bij het bemiddelen in de gasovereenkomst die Oekraïne in 2009 met Rusland had ondertekend. Haar aanhangers in het Westen riepen haar opsluiting een heksenjacht. Ze werd pas vrijgelaten na de omverwerping van haar nemesis Viktor Janoekovitsj.

De tegenslag in 2010 in het spelplan van de Westerse

mogendheden over Oekraïne maakte de Amerikaanse politieke adviseur automatisch een vijand van de strijdkrachten in de Verenigde Staten van Amerika en de Europese Unie die al tientallen jaren werkten om Oekraïne weg te trekken van Rusland en in de baan van de Europese Unie en de NAVO. Per Victoria Nuland, die van 18 September 2013 - 25 Januari 2017 in het Amerikaanse ministerie van Buitenlandse Zaken diende als assistent-staatssecretaris voor Europese en Euraziatische zaken, was de EuroMaidan gepland en gesponsord ten koste van $ 5 miljard. Oekraïne werd ondermijnd; Janoekovitsj werd van de macht verdreven, maar tegen hoge kosten. Rusland annexeerde het felbegeerde Krim-schiereiland dat Oekraïne in 1956 van Rusland ontving toen beide landen constituerende republieken van de USSR (Unie van Socialistische Sovjetrepublieken) waren; het bolwerk van Janoekovitsj Donbass (de provincies Donetsk en Lugansk) rebelleerde tegen de nieuwe autoriteiten in Kiev, een burgeroorlog ontketend waardoor Oekraïne nog eens tien van zijn bevolking en een kwart van zijn industriële kernland heeft verloren, zodat de wereld nu achterblijft met het dilemma hoe om te gaan met twee niet-erkende republieken, Donetsk People's Republic (DNR) en Lugansk Volksrepubliek (LNR), beide schaamteloos pro-Russisch.

Vandaag bevindt Oekraïne zich in een geopolitieke situatie, omdat het enthousiasme van de Europese Unie en de VS voor het land lijkt te zijn afgenomen. Het nieuwe politieke leiderschap onder de anti-Russische oligarch Petro Poroshenko dat de EuroMaidan aan de macht bracht, werd in diskrediet gebracht omdat corruptie verslechterde tijdens de vijf jaar dat ze aan de macht waren, omdat de economische situatie van het land niet verbeterde, omdat de autoriteiten niet in bedwang hielden extreemrechts, en aangezien Oekraïne meer dan een kwart van zijn bevolking verloor door emigratie, het verlies van de Krim en de oorlog in de Donbass. Oekraïense kiezers uitten hun teleurstelling over het eerste leiderschap van EuroMaidan door Poroshenko uit zijn ambt te stemmen in de tweede stem van de Oekraïense presidentsverkiezingen van 21 April 2019, waar hij 24,45% van de stemmen vergaarde tegen de 73,22% gewonnen door zijn tegenstander Volodymyr Zelensky, een cabaretier, acteur en scenarioschrijver die vóór de verkiezingen geen politiek ambt had bekleed, nooit een verkiezing had betwist en in feite geen politieke ervaring had.

II: Michael Cohen

Hoewel niet zo groot in status als Paul Manafort, is Michael Dean Cohen, de man die de rol van Donald Trump's persoonlijke advocaat speelde van 2007-2018, misschien wel de meest kleurrijke en sensationele van de naaste Donald Trump-medewerkers die beschuldigd en veroordeeld werden na een onderzoek door de Speciaal Aanklager-onderzoek naar zijn activiteiten voorafgaand aan en na de presidentsverkiezingen van 2016. Hij werd veroordeeld tot drie jaar gevangenisstraf op 12 December 2018 wegens federale inkomstenbelastingontduiking, voor zijn betrokkenheid bij de betaling van zwijggeld aan twee vrouwen namens Donald Trump vóór de verkiezingen van 2016 en voor het afleggen van valse verklaringen aan banken en het congres van de Verenigde Staten. Hij pleitte zelfs schuldig aan de negen aanklachten waardoor hij veroordeeld werd en hij stemde ermee in samen te werken met onderzoekers die niet alleen naar Russische bemoeienis bij de verkiezingen maar ook naar de zakelijke praktijken van de Donald Trump-organisatie kijken.

Toen Michael Cohen de rechtbank bij zijn veroordeling vertelde dat *"het mijn plicht was om zijn vuile daden te verbergen"*, verbreedde hij de fase van conflict met zijn voormalige baas omdat Donald Trump die Michael Cohen, die door de media sensationeel als Donald Trump werd aangeduid, tegenging "Fixer" voor zijn onderzoek dat hem ertoe bracht schuldig te pleiten op 21 Augustus 2018, loog. Toen de rechter van het Amerikaanse district William H. Pauley III Cohen tot drie jaar gevangenisstraf veroordeelde, hem een boete van $ 50.000 kreeg, hem $ 1,4 miljoen aan restitutie veroordeelde en hem $ 500.000 verbeurde, gaf hij zeker een zware klap aan de voormalige persoonlijke advocaat van de president.

Hoe is het zover gekomen dat de persoonlijke advocaat van Donald Trump van meer dan een decennium hem zou tegenwerken, zelfs tot het punt om Donald Trump zelfs een "racist", een "oplichter" en een "cheat" te noemen tijdens een openbare televisie getuigenis voor het House Oversight Committee dat 10 uur duurde?

De dingen begonnen uit elkaar te vallen op 9 April 2018, toen de FBI op basis van een verwijzing door het Speciaal Aanklager-onderzoek optrad door de FBI het advocatenkantoor van Michael Cohen, zijn huis en zijn hotelkamer overviel, met impliciete documenten en archieven, met betalingen gedaan aan Stormy Daniels door Michael Cohen uit de documentatie. En dit was slechts een maand nadat Stormy Daniels (geboren Stephanie Gregory) daadwerkelijk de politieke en media-aandacht kreeg vanwege haar 25 Maart 2018-interview met 60 minuten waarin ze sprak over een eenmalige seksuele affaire met Donald Trump in 2006 en als gevolg hiervan werd later voor haar dochter bedreigd om te zwijgen over de verbinding, haar dwingend $ 130.000 aan zwijggeld te nemen en een geheimhoudingsovereenkomst te ondertekenen in oktober 2016, kort voor de presidentsverkiezingen.

In feite hadden het roddelblad Life & Style en de blog The Dirty het verhaal van de vermeende affaire al in 2011 gepubliceerd, en Michael Cohen had een ander roddelblad genaamd In Touch Weekly gestopt met het publiceren van het verhaal door te dreigen te vervolgen het. Dus toen The Wall Street Journal het verhaal op 12 Januari 2018 rapporteerde en zei dat Michael Cohen Stormy Daniels 130.000 dollar betaalde, een maand voor de presidentsverkiezingen, dwong de internationale dagblad de Donald Trump-advocaat om te reageren. Op 13 Februari 2018 gaf Michael Cohen enige geloofwaardigheid aan het verhaal en veroorzaakte waarschijnlijk de jacht waardoor hij werd opgesloten toen hij een zorgvuldig geformuleerde verklaring aan de New York Times uitbracht, waarvan een deel als volgt luidde:

"In een privé-transactie in 2016 gebruikte ik mijn eigen persoonlijke middelen om een betaling van $ 130.000 aan mevrouw Stephanie Clifford te faciliteren ... Noch de Donald Trump-organisatie, noch de Donald Trump-campagne was partij bij de transactie met mevrouw Clifford en heeft me ook niet terugbetaald voor de betaling, direct of indirect."

Het feit dat op 30 April 2018, een dag na de aanval op Cohen's verblijfplaats, Stormy Daniels een rechtszaak tegen Donald Trump heeft aangespannen wegens smaad omdat de president haar verklaringen en een eerdere rechtszaak een "fraude" noemde, vertelt veel over de manier waarop de oorlogvoerende partijen hebben hun acties getimed. Ze had haar rechtszaak op 6 Maart 2018 tegen Donald Trump ingediend omdat de door haar ondertekende geheimhoudingsovereenkomst ongeldig was omdat Donald Trump deze nooit persoonlijk had ondertekend. Pas toen Michael Cohen op 21 Augustus 2018 schuldig pleitte voor het overtreden van financiële wetten tijdens de presidentsverkiezingen van 2016 door het hanteren van hush-geld voor de vermeende minnaars van Mr. Trump, werd het publiek zich bewust van een kloof tussen hem en de Donald Trump . Dat was toen zijn persoonlijke advocaat, Lanny Davis zei dat Michael Cohen bereid was om *"alles te vertellen over Donald Trump dat hij kent"*.

Deze ogenschijnlijke conversie van Trump's persoonlijke advocaat of "fixer" naar Trump's potentiële "nemesis" leek een duwtje in de rug te hebben toen Cohen zich opnieuw registreerde als een Democraat op 11 oktober 2018, negentien maanden nadat hij zijn lidmaatschap van de partij had opgegeven door zich te registreren als een republikein terug op 9 Maart 2017.

De voormalige advocaat van Donald Trump zou zijn belofte nakomen over zijn eerdere werkrelatie met Donald Trump toen hij op 29 November 2018 schuldig pleitte voor een aanklacht van het Speciaal Aanklager-onderzoek dat hij loog tegen de Senaat Inlichtingen Commissie en Huis Inlichtingencommissie in 2017 over de 2015 en 2016 voorgestelde Donald Trump Tower Moskou-deal die hij leidde. De reden die hij gaf voor die daad van meineed was dat hij wilde dat zijn verklaringen in overeenstemming zouden zijn met de *"herhaalde ontkenningen van commerciële en politieke banden tussen hem en Rusland"* van Donald Trump. Ondanks het ontvangen van een gevangenisstraf van twee maanden, die gelijktijdig met zijn gevangenisstraf van drie jaar moet worden uitgezeten, is hij blijkbaar niet teruggevallen in zijn verandering van hart toen hij op 27 Februari 2019 voor de House Oversight Committee verscheen, wroeging en schaamte uitte voor sommige van de dingen die hij deed als persoonlijke advocaat van Donald Trump, en ging toen zover dat hij erop wees dat de president hem de illegale hush-betalingen had terugbetaald die hij had gedaan.

Het lijkt erop dat Michael Cohen op 28 Februari 2019 en zijn getuigenissen op 6 Maart 2019 aan de House

Intelligence Committee getuigenissen hebben verstrekt over de president die sommige gekozen functionarissen, met name van de Democratische Partij, denken te kunnen gebruiken om de Donald te brengen Trump-presidentschap voortijdig beëindigd. Als dat echt het geval is, moeten het Amerikaanse publiek en degenen in het buitenland die de Donald Trump-collusiesaga hun aandacht waard zijn, een nieuwe wending in het verhaal verwachten, waarbij Michael Cohen als een belangrijke katalysator fungeert. En afkomstig van een man die ooit beweerde dat hij een kogel zou nemen voor Donald Trump, zou zo'n standpunt inderdaad een intrigerende ontwikkeling zijn.

III: George Papadopoulos

Een andere persoon die zich ook in het vizier van het Speciaal Aanklager-onderzoek bevond, was George Papadopoulos, een polyglot op zich die Arabisch, Engels, Frans en Grieks spreekt. In wat als een pleidooi wordt beschouwd als gevolg van zijn samenwerking met het Mueller-onderzoek, pleitte de voormalige buitenlands beleidsadviseur in het campagneteam van Donald Trump op 5 oktober 2017 schuldig aan liegen tegen FBI-agenten over contacten die hij had met een mogelijke agent die voor Russische belangen werkte en beweerde "vuil" te hebben op Hillary Clinton. Hij werd veroordeeld tot 14 dagen gevangenisstraf op 7 September 2018 tot 7 December 2018, maar heeft momenteel een gecontroleerde vrijlating van 12 maanden.

In zijn boek getiteld *"Deep State Target: How I Got Caught in the Crosshairs of the Plot to Bring Down President Trump"*, geeft George Papadopoulos zijn kant van het verhaal en zijn analyse van de hele zaak, ervan overtuigend dat hij en verschillende Donald Trump-campagnes medewerkers werden in de val gelokt door het Speciaal Aanklager-onderzoek en enkele veiligheidsdiensten van het land.

Dus, hoe raakte de jonge slimme energieadviseur die op achtentwintigjarige leeftijd voor de campagne van Ben Carson werkte van December 2015 tot Februari 2016, vervolgens een maand later lid van de Donald Trump-campagne, raakte verstrikt in zo'n grote zaak met internationale samenzweringen waarvan hij op dat moment niet op de hoogte was?

Het antwoord ligt in de rol van Papadopoulos in de Donald Trump-campagne als de man die vergaderingen met buitenlandse leiders organiseerde, een rol die hem regelmatig in contact bracht met hooggeplaatste campagneambtenaren. Zijn tussenverantwoordelijkheid stelde hem onbedoeld bloot aan verraderlijke personages, waarvan de meest prominente de Maltese academicus Joseph Mifsud bleek te zijn. Volgens wat enkele prominente figuren in het onderzoek zeiden, had Mifsud op hoog niveau banden met de Russische regering. Dus het feit dat Papadopoulos hem twee keer ontmoette en de tweede keer te horen kreeg dat Rusland 'vuil' had op Hillary

Clinton, deed vermoeden dat niet gemakkelijk kon worden afgewezen. Wat hem echter tot een mogelijk doelwit voor het Amerikaanse veiligheidsapparaat maakte, was zijn 10 mei 2016, een ontmoeting met de top Australische diplomaat Alexander John Gosse Downer in Londen, waar hij naar verluidt de Aussie vertelde over het "vuil" op Hillary Clinton, die destijds onder de loep genomen voor het verwijderen van duizenden van haar e-mails. Downer zou de FBI hierover informeren en de FBI zou een contra-inlichtingenonderzoek instellen naar George Papadopoulos en andere medewerkers van Donald Trump in verband met pogingen van Rusland om de Amerikaanse presidentsverkiezingen van 2016 te verstoren. Dat volgde op het hacken, door vermeende Russische inlichtingenagenten, van het Democratisch Nationaal Comité waar e-mails werden gestolen door een of meer hackers die opereerden onder het pseudoniem "Guccifer 2.0", en van de e-mails van John Podesta, de voorzitter van de 2016 Hillary Clinton presidentiële campagne; en dit was nadat de gehackte informatie werd gelekt of gepubliceerd door DC Leaks in Juni en Juli 2016 en door WikiLeaks op 22 Juli 2016.

Hoewel Papadopoulos het verpestte om Mifsud's opmerking over 'vuil' over Hillary Clinton niet meteen aan de Amerikaanse inlichtingendienst te melden, en hoewel hij accepteerde dat hij voorstander was van betere samenwerking met Rusland, ontkende hij dat hij de Russische regering zou bereiken. FBI-agenten zouden hem echter op 27 Januari 2017 interviewen met betrekking tot de campagnebanden van Donald Trump met Rusland. Dit zou worden gevolgd door zijn arrestatie zonder bevel op 27 Juli 2017, kort nadat hij landde op de internationale luchthaven Washington-Dulles vanuit een vlucht vanuit het buitenland. En ook dat was een paar dagen nadat hij $ 10.000 als een provisie van een man in Israël ontving, beweerde hij hem de engerds te hebben gegeven, maar die het doel van het geld verklaarde als zijn voornemen om zaken te doen met Papadopoulos.

Dus toen George Papadopoulos op 14 mei 2019 aan Maria Bartiromo van Fox Business News vertelde dat onderzoekers de contante betaling van $ 10.000 die hij ontving van de man waarvan hij beweert dat hij een spion was, moesten onderzoeken, leek hij met Donald Trump te kiezen op zijn Spygate-complottheorie dat het bestuur van zijn voorganger Barack Obama heeft in zijn presidentiële campagne voor 2016 een spion geïmplanteerd voor politieke doeleinden. Papadopoulos toch riep meer vragen op dan antwoorden gaf in dit fragment van zijn interview:

... Ik kom naar Dulles, ik heb FBI-agenten die door elkaar gooien, ze weten niet eens waarom ze me arresteren, ik heb geen arrestatiebevel op me te wachten, er is mij niet verteld waarom ik gearresteerd word. En later ontdek ik uit een rapport dat een paar dagen geleden uitkwam dat het team van Andrew Weissmann en Mueller contact had met ambtenaren op Cyprus, ik denk dat de wettelijke attaché daar, Paul Manafort en mijzelf besprak, want ik was eigenlijk in Cyprus in die zomer.

Dus hier was iets verraderlijks aan de hand. Ik denk dat deze rekeningen die nu nog in Athene zijn, door de onderzoekers moeten worden onderzocht, omdat ik denk dat ze gemarkeerd zijn en ze helemaal teruggaan naar DOJ, onder de vorige FBI onder Comey, en zelfs het Mueller-team .

Als het Mueller-team campagnemedewerkers en Trump-medewerkers rondhangt, zoals ze mij hebben aangedaan, weet ik zeker dat ik het niet alleen was als zij het deden, en het gaat een enorm blik wormen openen en ik denk we moeten tot op de bodem uitzoeken, niet alleen hoe dit verhaal is begonnen, maar waarom ze ons in de val lokten..."

Ervan overtuigd dat de rekeningen van de $ 10.000 die hij ontving, waren gemarkeerd, ging George Papadopoulos verder tijdens het interview en eiste dat de bankbiljetten werden beoordeeld door het Congres, William Barr, de inspecteur-generaal van het Amerikaanse ministerie van Justitie Michael E. Horowitz, evenals John W. Huber, die in 2017 door de Amerikaanse procureur-generaal Jeff Sessions werd aangesteld om een onderzoek te starten naar de FBI-surveillance van Carter Page en naar verbindingen tussen de Clinton Foundation en Uranium One. George Papadopoulos vroeg ook om de inbreng van andere instanties en onderzoekers.

Sommige experts beschouwen de Papadopoulos-affaire om meerdere redenen als wazig en noemen als voorbeelden uit een reeks indicaties het interview van Downer van 28

April 2018 met *The Australian* --- de meest verspreide landelijk verspreide krant van Australië --- waar hij onder andere zei dat *"... niets [Papadopoulos] zei in hun ontmoeting aangaf Donald Trump zelf samen te werken met de Russen om informatie over Hillary Clinton te verzamelen.";* evenals het feit dat Joseph Mifsud "ontbreekt en mogelijk is overleden", een stuk informatie uit de indiening in September 2018 bij een Amerikaanse federale rechtbank in de zaak *Democratic National Committee tegen Russische Federatie* die zeker wenkbrauwen opwerpt.

IV: Alex Van Der Zwaan

De in België geboren Nederlander Alex van der Zwaan was de eerste persoon die in de gevangenis werd veroordeeld in verband met het Speciaal Aanklager-onderzoek naar mogelijke collusie met Rusland. De 30-daagse straf van de advocaat was echter gebaseerd op het feit dat hij schuldig pleitte aan liegen tegen federale agenten over zijn contacten in September 2016 met de vice-voorzitter van de campagne van Donald Trump, Rick Gates, terwijl hij vragen beantwoordde over Russische inmenging in de 2016 verkiezingen in de Verenigde Staten.

Het was echter de werkrelatie van Alex van der Zwaan met Paul Manafort die hem op de radar plaatste van de FBI, de CIA en het andere beveiligingsapparaat van de Verenigde Staten. Zijn tijd als advocaat bij het Londense kantoor van het internationale advocatenkantoor Skadden, Arps, Slate, Meagher & Flom LLP van 2007-2017, zag hij verschillende adwieswerkzaamheden verrichten over Rusland en Oekraïne voor zijn bedrijf. Het was ook in deze tijd dat hij zijn vrouw vond - de dochter van de in Oekraïne geboren Duitse Borisovich Khan, een rijke mede-eigenaar van de Alfa Bank in Rusland, die naast opvallen als houder van Oekraïense, Russische en Israëlische staatsburgers zijn naam genoemd in het beruchte dossier geschreven door de voormalige Britse inlichtingenofficier Christopher Steele, in wezen een controversieel verslag dat aanleiding was voor het Rusland Collusion-verhaal. De Duitse Khan en zijn mede-Alfa Bank-eigenaren Mikhail Fridman en Petr Aven dienden in mei 2017 een lasterzaak in tegen BuzzFeed en beschuldigden het Amerikaanse internetmedia-, nieuws- en entertainmentbedrijf van het publiceren van het niet-geverifieerde Trump-Rusland-dossier dat vermeende financiële banden en samenspanning tussen Donald Trump, de Russische president Vladimir Poetin en de drie eigenaren van Alfa Bank.

Alex van der Zwaan's connectie met Manafort en Rick Gates kwam voort uit het rapport uit 2012 dat de regering van de toenmalige Oekraïense president Viktor Janoekovitsj Skadden Arps opdracht gaf om via Manafort te werken aan een smerig stuk werk van de toenmalige Amerikaanse ambassadeur in Oekraïne John E. Herbst, tegen de pro-westerse voormalige premier van Oekraïne, Joelia Timosjenko, die effectief werd gebruikt om haar vervolging, veroordeling en zeven jaar gevangenisstraf in 2011 te verdedigen die alleen werd ingekort door de Euromaidan 2014. Alex van der Zwaan was echter verontwaardigd over zijn verspreiding van een ongunstig rapport over Joelia Timosjenko in de VS en andere westerse landen, en omdat hij zou hebben gelogen over zijn communicatie in 2016 met Rick Gates en Manafort's vaste zakenpartner Konstantin Kilimnik, van wie de speciale raad een voormalige Russische inlichtingenofficier.

Het feit dat Skadden Arps in Januari 2019 overeenkwam om een bedrag van $ 4,6 miljoen te betalen als schikking aan het ministerie van Justitie voor zijn onderzoek naar het werk dat het bedrijf met Paul Manafort deed en voor de retroactieve indiening van behoorlijk buitenlands lobbypapier, zegt ons een veel over de Oekraïense connectie in de val van Alex van der Zwaan uit gratie. En het feit dat hij werd gedeporteerd na zijn gevangenisstraf verklaart de grote rol die de Oekraïense connectie in de ogen van sommige mensen speelde in het hele samenspanningverhaal.

V: Richard Pinedo

Een zaak die niet veel aandacht kreeg van de reguliere media was de veroordeling door de rechter van het district Dabney L. Friedrich van de Amerikaanse districtsrechter op 10 oktober 2018 tot zes maanden gevangenisstraf en zes maanden huisarrest wegens identiteitsfraude vanwege aan zijn rol in het runnen van een online serverbedrijf genaamd Auction Essistance dat betrokken was bij het kopen en verkopen van bankrekeningnummers die de gebruikers hielpen om de beveiligingsmaatregelen van digitale betaalbedrijven zoals eBay en PayPal te omzeilen. Richard Pinedo, een illegale actie op zich, had het extra ongeluk om deze valse online identiteiten te verkopen aan 13 Russen die ze gebruikten om advertenties op Facebook te kopen. Deze Russen werden aangeklaagd door het Speciaal Aanklager-onderzoek wegens bemoeienis met de presidentsverkiezingen van 2016.

De kernactiviteit van Auction Essistance, waarbij rekeningnummers werden bemiddeld, zorgde ervoor dat mensen die geen toegang hadden tot websites zoals PayPal en eBay, opnieuw zaken met die websites konden doen, maar onder een andere identiteit. Richard Pinedo liep eigenlijk twee jaar aan de lijn totdat hij de aandacht trok van de veiligheidsagentschappen van het land en het Mueller-team. In zijn pleidooiovereenkomst van 2 Februari 2018 pleitte de jonge man schuldig aan twee misdrijven wegens identiteitsfraude en het gebruik van de identiteit van andere personen voor "onwettige activiteiten". Door volledig mee te werken aan het onderzoek, de vijftien jaar in de federale gevangenis en een boete van $ 250.000 die zo'n misdaad met zich meebrengt omdat straf werd teruggebracht tot de beperkte gevangenisstraf die hij kreeg, zodat hij vandaag een vrij man is. Toen hij de rechtbank op de dag van zijn veroordeling vertelde dat,

"Ik neem de volledige verantwoordelijkheid voor wat ik heb gedaan ... Ik heb geprobeerd al het mogelijke te doen om te helpen bij dit onderzoek",

hij maakte zichzelf een van de meest coöperatieve aanklachten waarmee het Speciaal raadsonderzoek werkte.

HOOFDSTUK DREI

Collusion en Limbo

"Als je vrede wilt sluiten met je vijand, moet je met je vijand werken." Dan wordt hij uw partner."
Nelson Mandela

"Als je de waarheid vertelt, hoef je niets te onthouden."
Mark Twain

"Iedereen die probeert de vrijheid van een natie omver te werpen, moet eerst de vrijheid van meningsuiting onderdrukken."
Benjamin Franklin

Er is een gevoel van ambivalentie als het gaat om de aard van de gevallen waarbij enkele van de personen die door het Speciaal Aanklager-onderzoek zijn onderzocht, zijn betrokken. De aard van hun ontlastingen, hangende vonnissen en samenwerking laat de grond vruchtbaar voor allerlei samenzweringstheorieën om zich te ontwikkelen. We hoeven slechts enkele van deze gevallen te onderzoeken om onze eigen conclusies te trekken.

I: Michael Thomas Flynn

De eerste nationale veiligheidsadviseur van Donald Trump, Michael Thomas Flynn, die in de Trump-administratie diende van 23 Januari 2017 - 13 Februari 2017, was de tweede grote vis in het Donald Trump-kamp die werd gesaldeerd door het Speciaal raadsonderzoek. Zijn langste carrière was bij het Amerikaanse leger, waar hij 33 jaar diende tot hij in Augustus 2014 met pensioen ging met de rang van luitenant-generaal. Hij ging in zaken na zijn tijd bij het Amerikaanse leger.

Michael Flynn wordt door sommigen beschouwd als een

nog grotere vis dan Paul Manafort. Hij werd gedwongen af te treden uit de Donald Trump-regering op 13 Februari 2017, alleen nadat hij bekend werd met informatie dat hij de FBI en de Amerikaanse vice-president Mike Pence had misleid over de aard en inhoud van zijn communicatie met Sergey Kislyak, die bij de tijd was de Russische ambassadeur in de Verenigde Staten van Amerika.

Na verschillende nauwe onderzoeken en nauwe afspraken met verschillende federale agentschappen, pleitte Michael Flynn op 1 December 2017 schuldig aan "willens en wetens" valse, fictieve en frauduleuze verklaringen afleggen aan de FBI over een adviescontract van $ 530.000 dat hij had met het Nederlandse bedrijf Inovo BV, die vooral bedoeld was om de Turkse regering ten goede te komen, en over zijn gesprekken met Sergey Kislyak, hoewel hij later specificeerde dat hij tijdens zijn gesprek met de Russische ambassadeur op 29 December 2016 de buitenlandse diplomaat vroeg *"af te zien van escalatie...in reactie op sancties die de Verenigde Staten diezelfde dag tegen Rusland hadden opgelegd."* Michael Flynn is tot nu toe niet veroordeeld, hoewel verschillende pogingen daartoe zijn uitgesteld. In feite suggereerde het Mueller-onderzoek dat hij weinig of geen tijd in de gevangenis zou moeten krijgen, een punt bevestigd door een veroordelingsnota dat werd vrijgegeven op 4 December 2018, waarin staat dat Michael Flynn *"verdient erkenning voor het tijdig aanvaarden van verantwoordelijkheid en voor het substantieel helpen van de overheid."*

Het was echter de associatie van Michael Flynn met bedrijven en overheden die leidde tot klachten over mogelijke belangenconflicten en een strafrechtelijke aanklacht tegen hem. Er wordt algemeen beweerd dat het indrukwekkende aantal en de inhoud van zakelijke ondernemingen die hij vergaarde na zijn pensionering uit het leger tot het moment dat hij de nationale veiligheidsadviseur van Donald Trump werd op 23 Januari 2017, zijn ongedaan maken was. Tijdens die periode in het bedrijfsleven was hij lid van het bestuur van verschillende organisaties, terwijl hij ook een adviesbureau leidde dat inlichtingendiensten bood aan bedrijven en overheden. Flynn Intel Group Inc, zoals het adviesbureau heette, evolueerde met de tijd om dochterondernemingen op te nemen.

Net als Paul Manafort was Flynn ook in de problemen van verschillende federale agentschappen voordat hij werd opgenomen in het Donald Trump-team. Kort na de presidentsverkiezingen van 2016 maakte hij zelfs aan de transitie-teamadviseur Don McGahn bekend dat hij tijdens de campagne in het geheim werd gelobbyd omdat hij in het geheim lobbyde voor Turkije. De waarschuwing van president Obama op 10 November 2018 aan president-elect Donald Trump tegen het inhuren van Michael Flynn, evenals Chris Christie's counseling aan Donald Trump tegen het maken van de gepensioneerde luitenant-generaal zijn nationale veiligheidsadviseur, gaan allemaal de omvang van het rundvlees uitleggen de Obama-administratie en de inlichtingendiensten hadden met Michael Flynn. Vreemd genoeg was het president Barack Obama die Michael Flynn tot de 18e directeur van het Defense Intelligence Agency benoemde, een functie die hij vervulde van 24 Juli 2012 - 7 Augustus 2014.

Zelfs vóór zijn kennelijk gedwongen pensioen na 33 jaar in dienst had Michael Flynn zijn twijfels geuit over het verhaal van de Obama-regering dat Al-Qaida op het punt stond te worden verslagen. Hij had ook de wijsheid in twijfel getrokken bij het omverwerpen van de Syrische sterke man Bashar Al-Assad, waarbij hij zijn argumenten baseerde op het argument dat de Syrische opstand werd gedomineerd door radicale islamisten die waren toegewijd aan het creëren van een islamitisch kalifaat. Door een dergelijk standpunt in te nemen, maakte Michael Flynn zichzelf automatisch tot een onverzoenlijke tegenstander van degenen in de Obama-regering, de bureaucratie, het politieke establishment en zelfs enkele invloedrijke buitenlandse bondgenoten. Trouwens, de voormalige militair bleef onder andere Obama's Midden-Oostenbeleid tijdens de presidentiële campagne bekritiseren, tot op het punt van:

- verklaarde zelfs op 11 Juli 2016 dat hij een "pro-life democraat" was
- de Verenigde Staten oproepen om "constructief samen te werken met Rusland" in Syrië
- verzet tegen de nucleaire deal met Iran
- lobbyen voor de regering van de Turkse president Recep Tayyip Erdoğan, zelfs na een poging tot staatsgreep tegen de Turkse sterke man waarop Erdoğan reageerde met een zuivering en een oproep aan de Verenigde Staten van Amerika om "... Fethullah Gülen uit te leveren" naar Turkije, hoewel hij wist dat de Turkse islamitische geleerde,

politieke leider en prediker zijn aartsrivaal was. In feite begonnen de acties en het beleid van de Turkse president jaren geleden langzaam afstand te nemen van de westerse bondgenoten.

- vooral de weg vrijmaken voor de trouwe Democraten in het inlichtingen- en veiligheidsapparaat om hem als een overjas te zien, vooral nadat hij zich bij het Donald Trump-team had gevoegd.

II: Rick Gates

Een geval in het Speciaal Aanklager-onderzoek waarvan de uitkomst zeer wordt verwacht, is dat van Rick Gates, de voormalige zakenpartner van Paul Manafort die beter bekend staat als de ex-campagnevoorzitter van Donald Trump die tijd in de gevangenis heeft doorgebracht. Rick Gates werkte voor en tijdens de campagne voor Manafort. Bij de Gates en Manafort-tandem waren Gates niet alleen betrokken bij Manafort voor een aantal deals, waaronder het advieswerk voor de afgezette Oekraïense president Viktor Janoekovitsj. In feite was Rick James op een gegeven moment de plaatsvervangend voorzitter van de presidentiële campagne van Donald Trump en leidde hij zelfs het inaugurele comité van Trump. Het feit dat hij in Februari 2018 schuldig pleitte voor liegen tegen FBI-agenten en een samenzwering tegen de Verenigde Staten van Amerika als gevolg van zijn werk met Paul Manafort ten voordele van de voormalige Oekraïense president terwijl hij opereerde als een niet-geregistreerde lobbyist, laat veel ruimte voor speculatie.

De in Virginia geboren en opgerichte Rick Gates kruiste eerst de wegen met Paul Manafort tijdens zijn stage bij het adviesbureau Black, Manafort, Stone en Kelly. Hij maakte indruk op de Republikeinse lobbyist Rick Davis tijdens zijn werk op het kantoor in Washington, DC. Dat was de reden waarom nadat Rick Davis en Paul Manafort in 2006 een nieuw adviesbureau hadden opgericht met de naam Davis Manafort, hij dacht dat op Rick Gates kon worden vertrouwd en dus huurde hij hem in. Met een kantoor in de Oekraïense hoofdstad Kiev, zou Davis Manafort klanten in de Oost-Slavische wereld werven en uiteindelijk werken voor de Oekraïense politicus en later de Oekraïense president Viktor Janoekovitsj, evenals andere klanten zoals de Russische oligarch Oleg Deripaska die onder andere dingen, bezat een van de grootste gediversifieerde industriële groepen in Rusland, Basic Element Ltd. genaamd. Gates werd van onschatbare waarde voor het adviesbureau tot het punt waarop hij een belangrijke rol speelde bij het bemiddelen in een ontmoeting tussen de toenmalige senator en de presidentiële hoopvolle John McCain en de Russische oligarch Deripaska. Het kwam dus niet als een verrassing dat nadat Rick Davis in 2008 Davis Manafort verliet en zich bij het presidentiële campagneteam van John McCain voegde, Rick James zijn logische vervanger in het bedrijf werd. Dat was hoe zijn fortuinen of tegenslagen in het bedrijf opliepen tot het punt waarop hij naast Paul Manafort stond in het buitenlandse advieswerk dat Janoekovitsj en zijn partij hielp om de parlementsverkiezingen van 2006 en de presidentsverkiezingen van 2010 te winnen die de politieke terugkeer van Janoekovitsj en de dominantie van Oekraïense politiek respectievelijk; dat wil zeggen tot zijn omverwerping in 2014.

Het is moeilijk om iemand te vinden die zou zeggen dat de carrière en het leven van Rick Gates niet in de afgrond zijn gekomen toen hij in Juni 2016 voor de Donald Trump-campagne begon te werken nadat Donald Trump Paul Manafort tot campagneleider maakte. Manafort aarzelde niet om hem te promoveren tot adjunct-campagneleider die verantwoordelijk was voor de dagelijkse activiteiten van de campagne, alsof hij zonder zijn ondergeschikte van tien jaar niet effectief zou kunnen zijn in de topcampagne.

Rick Gates zou inderdaad van onschatbare waarde zijn omdat Donald Trump de presidentsverkiezingen van 2016 zou gaan winnen. Toen een federale grand jury Rick Gates en Paul Manafort op 27 oktober 2017 beschuldigde, als onderdeel van het onderzoek naar Russische inmenging bij de verkiezingen van 2016 in de Verenigde Staten en aanverwante zaken die het Speciaal Aanklager-onderzoek uitvoerde, bleek dat het verhaal van Rick Gates was meer dan je zag. Hij en Manafort pleiten echter niet schuldig tijdens hun rechtszaak op 30 oktober 2017 aan de twaalfdelige aanklacht wegens beschuldiging tegen de Verenigde Staten van Amerika, het afleggen van valse verklaringen, het witwassen van geld en het niet-registreren als buitenlands agenten voor Oekraïne zoals vereist door de wet op de registratie van buitenlandse agenten.

Dingen namen een onverwachte wending toen Robert Mueller op 22 Februari 2018 nieuwe kosten openbaarde in de zaak Manafort en Gates, waardoor de tellingen op 32 kwamen---zestien tellingen van valse individuele inkomstenbelastingaangiften, zeven tellingen gerelateerd aan het niet indienen van rapporten van financiële en buitenlandse bankrekeningen, vijf tellingen van bankfraude samenzwering en vier tellingen van bankfraude. Rick Gates reageerde op de ontwikkeling door op 23 Februari 2018 schuldig te pleiten voor één telling van samenzwering tegen de Verenigde Staten en één telling van valse verklaringen. Hij stemde ook in om mee te werken aan het Mueller-onderzoek. Hij zou later als stergetuige tegen Paul Manafort werken en het Speciaal Aanklager-onderzoek inzicht geven in de uitgebreide zevenjarige criminele samenzwering die hij met Manafort had, variërend van liegen tegen de Internal Revenue Service tot witwassen, tot het opblazen van zijn kosten rekeningen met neplasten, om de betaling van belastingen te vermijden en om documenten aan banken te vervalsen om miljoenen dollars aan leningen te verkrijgen.

III Roger Stone

Roger Stone, een kleurrijke politieke adviseur en een langdurig medewerker van Donald Trump, is toevallig een van de populaire namen in verband met het onderzoek naar de speciale raad, maar dat er nog geen oordeel is uitgesproken. Als slechts een informele adviseur van de

Donald Trump-campagne, werd hij logischerwijs niet verondersteld in de lijst met topverdachten in het Russian Collusion-verhaal te staan, maar hij wordt door velen beschouwd als de meest imposante van alle "slachtoffers" of "schurken" van het Mueller-onderzoek. Niet dat veel mensen weg zouden komen met iemand de schuld te geven omdat hij dacht dat Roger Stone gedeeltelijk verantwoordelijk was voor het aantrekken van zoveel negatieve publiciteit naar zichzelf, wat leidde tot zijn arrestatie en aanklacht op 25 Januari 2019 met betrekking tot zeven aanklachten met betrekking tot vijf tellingen van liegen tegen onderzoekers, getuige zijn van geknoei en het belemmeren van een officiële procedure. Op dezelfde dag vrijgelaten, beloofde hij de aanklachten te bestrijden.

De scherpe tong Roger Stone kwam over als een provocateur, goed toen hij de kat uit de zak leek te laten door op Twitter te hint over schadelijke informatie die op het punt stond aan het licht te worden gebracht op Hillary Clinton en haar presidentiële campagnevoorzitter van 2016 John Podesta. Het feit dat hij die tweets slechts enkele dagen vóór 7 oktober 2016 stuurde, toen WikiLeaks begon met het publiceren van de duizenden e-mails die volgens hem werden opgehaald uit Podesta's privé-Gmail-account, maakte het des te logischer dat hij zich in de lijst bevond van top Donald Trump campagnemensen die op de hoogte waren van plannen van WikiLeaks om de gestolen e-mails openbaar te maken. Om de eenvoudige reden dat de e-mails Hillary Clinton's posities of campagnestrategie in gevaar brachten, en het feit dat ze door Russische agenten werden gestolen uit de Clinton-campagne en het Democratic

National Committee, maakte Roger Stone zichzelf per ongeluk zeer verdacht, niet alleen van betrokkenheid bij de Russen geloofden het hacken te hebben gedaan, maar ook om te gaan met WikiLeaks.

Een nieuwsgierige geest zou moeilijk kunnen antwoorden of Roger Stone een agent-provocateur zou kunnen zijn, zoals hij zelf beweerde; en zo ja, wat bedoelde hij eigenlijk toen hij onder andere zei: "De vuile truc van de ene man is de politieke, maatschappelijke actie van de andere."

Er is geen twijfel dat Roger Stone de aanklachten, die hij als politiek gemotiveerd beschouwde, heeft bestreden op een manier die naar verontwaardiging smakt. En hij heeft zo krachtig en met fanfare gedaan die aandacht verdient, zijn bewering of belofte bewerend dat hij geen "valse getuigenis zou afleggen" tegen Donald Trump, een standpunt dat hem heeft zien ontkennen dat hij voor en na de verkiezingen iets verkeerd heeft gedaan. is de reden waarom hij, terwijl hij de president echoot door het onderzoek herhaaldelijk een "heksenjacht" te noemen, in feite de bewering bevestigt dat de beschuldigingen van samenspanning met Rusland *"een stomende plaat van stier zijn ...",* zoals hij ooit zei.

Toch zag bijna niemand het aankomen op 18 Februari 2019; hij plaatste een foto op Instagram van Amy Berman Jackson, de federale rechter die toezicht hield op zijn zaak, met wat leek op dradenkruis van een richtkijker naast het hoofd van de rechter. Ondanks de verontschuldiging van Stone de volgende dag, reageerde Amy Berman Jackson op de niet-gevraagde blunder door de beklaagde een volledige knevel op te leggen op grond van het feit dat hij geen "gevaar" voor anderen zou vormen als hij de zaak niet in het openbaar zou bespreken.

Toen assistent US procureur Jonathan Kravis op 20 Juni 2019 andere officieren van justitie leidde om te schrijven dat "de posten van Stone dit bevel van de rechtbank overtreden dat Stone geen commentaar geeft" in de media of in openbare instellingen over het onderzoek van de speciale raadsman of deze zaak of een van de deelnemers in het onderzoek of de zaak. "', kwam Travis over als iemand die er vast van overtuigd was dat de recente berichten in de sociale media van de vertrouwde Donald Trump-vertrouwenspersoon die de FBI aanviel en de speciale raadssonde van Robert S. Mueller III een herhaling was van zijn schending van de prop van de federale rechter. Ongeacht hoe de verschillende facties ernaar kijken, het is de reactie van de commentatoren die het meest irritant waren voor de vervolging. Niet alleen noemden sommigen van hen het onderzoek als een *"Rusland Hoax"*, maar sommigen van hen gingen ook zover dat ze het Roger Stone-verdedigingsteam applaudisseerden voor het onthullen van *"diep verontrustende lessen over het niveau van corruptie op de hoogste niveaus van de agentschappen belast met het beschermen van ons tegen externe bedreigingen..."* Die verklaringen zijn in wezen een veroordeling van de inlichtingengemeenschap.

De flamboyante Roger Stone lijkt de recente ontwikkelingen serieus te nemen naarmate zijn proefdatum van 5 November 2019 nadert, omdat hij drie dagen later in Annandale, een middenklassebuurt van New York City, in

Staten Island, een fondsenwerver had in een poging om recupereer een deel van de $ 2 miljoen aan advocatenrekeningen die de zaak hem kost. Dus toen rechter Amy Berman Jackson van de Washington, DC op 16 Juli 2019 hem verbood om wat dan ook op alle belangrijke sociale mediaplatforms (Instagram, Facebook en Twitter) te posten nadat hij een al strikte gagorde in zijn strafzaak, experts konden niet anders dan nadenken over het feit dat hij geluk had, vooral nadat een litanie van zijn recente berichten van zijn Instagram-account werd verstrekt als bewijs van zijn schending van de gag-opdracht om te voorkomen dat hij toekomstige juryleden zou schaden.

IV: Gregory Bestor Craig

Toen op 12 Augustus 2019 het publiek het nieuws bereikte, kondigde 19 Augustus 2019 de proefdatum aan voor Gregory Bestor Craig, een advocaat die van 20 Januari 2009 tot 3 Januari 2010 als een White House Counsel werkte, onder het bestuur van de president Barack Obama, het markeerde een merkwaardige fase in het Amerikaanse post-Mueller-rapport of wat anders het rapport over het onderzoek naar Russische interferentie in de presidentsverkiezingen van 2016 wordt genoemd. In feite werd Craig hoog aangeschreven in de hogere regionen van de Democratische Partij vanwege het feit dat hij goed diende in de Obama-regering en ook een goede indruk achterliet als adviseur van het Witte Huis in de Clintonregering vanaf 10 Juli, 1997 - 16 September 1998. Dat is de reden waarom zijn aanklacht in April 2019 voor het achterhouden van informatie aan het ministerie van Justitie en voor het opzettelijk verstrekken van valse informatie aan het verbaasde veel mensen.

Craig was vandaag misschien niet in warm water terechtgekomen als hij na zijn vertrek in 2010 in zijn advocatenkantoor in het Witte Huis was teruggekeerd naar zijn oude advocatenkantoor of het aantrekkelijkere aanbod om te werken voor het meer gerenommeerde advocatenkantoor Skadden, Arps, had afgewezen. Slate, Meagher & Flom LLP en affiliates, soms Skadden Arps genoemd of wat algemeen bekend staat als Skadden. Maar hij zou in Januari 2010 bij het bedrijf komen werken als partner van de Global Policy and Litigation Strategy Practice Group en zou er werk voor uitvoeren vanuit het kantoor in Washington DC, dat gerenommeerde klanten vertegenwoordigt zoals Goldman Sachs en John Eduard, de Democratische kandidaat voor Vice President in 2004.

Het ontstaan van dit alles was mei 2010, de dag waarop het Oekraïense procureur-generaal een aantal strafzaken startte tegen Joelia Timosjenko, de pro-westerse kandidaat die na het verliezen van de afvloeiing van de presidentsverkiezingen tegen Janoekovitsj 07 Februari 2010, virulent verzet bleef tegen. aan de nieuwe Oekraïense president. Craig had op zijn hoede moeten worden nadat het Europees Parlement een resolutie heeft aangenomen waarin de Janoekovitsj-regering wordt veroordeeld voor het vervolgen van Timosjenko en voor de vervolging van verschillende zaken tegen haar en haar ministers, waarvan de "Gaszaak", op basis van een contract dat ze in 2009 met de Het Russische gasbedrijf Gazprom dat in zijn hoedanigheid van premier van Oekraïne aardgas levert aan Oekraïne, was de meest prominente partij en de rechter zou Timosjenko aanklagen wegens machtsmisbruik en verduistering op grond van het feit dat de deal niet in het belang van Oekraïne diende en was voor persoonlijke voordelen. Dit zou leiden tot haar veroordeling tot zeven jaar gevangenisstraf onder andere uitspraken, straffen die ze op 30 December 2011 begon uit te zitten.

Sommige experts zijn van mening dat Craig in juridische problemen kwam nadat hij zich niet had geregistreerd als een buitenlandse agent in strijd met de wet die lobbyisten verplicht dit te doen bij lobbyen namens buitenlandse regeringen. Dit volgde op een taak in 2012 die hij deed voor de regering van Oekraïne onder het presidentschap van Viktor Janoekovitsj, die door de westerse regeringen werd bespot vanwege zijn pro-Russische houding en verantwoordelijk voor de opsluiting van Joelia Timosjenko, een lieveling van het Westen en een lieveling held van de Oranje Revolutie van 2004 in Oekraïne. Hoewel de Janoekovitsj-regering het team van Skadden-advocaten opdracht gaf dat Craig ertoe leidde fouten in het proces van Timosjenko te onderzoeken; en hoewel het rapport dat het door Craig geleide team produceerde aantoonde dat Joelia Timosjenko werd verhinderd juridisch adviseur te hebben in "kritieke stadia" van de rechtszaak, en kritische getuigen te hebben opgeroepen om haar verdediging te verbeteren; het rapport concludeerde dat Timosjenko's overtuiging niet politiek gemotiveerd was door Janoekovitsj om de oppositie te onderdrukken, en dat het werd ondersteund door bewijs.

Craig slaagde er niet alleen in om zijn controversiële rapport onder journalisten en congresleden te promoten, hij slaagde er evenmin in om de advocaten en mensenrechtenorganisaties van Timosjenko te overtuigen. Dat is de reden waarom niet veel mensen verrast waren toen hij in April 2018 ontslag nam uit Skadden nadat het Speciaal Aanklager-onderzoek Alex van der Zwaan had aangeklaagd, een advocaat op het kantoor van het kantoor in Londen, die deelnam aan zijn team dat het onderzoek naar de detentie van Timosjenko uitvoerde. Veel mensen dachten echter dat de zaak definitief was opgelost nadat Skadden $ 4,6 miljoen had betaald als onderdeel van een schikking met het Amerikaanse ministerie van Justitie voor niet-geregistreerd werk dat het advocatenkantoor deed in samenwerking met Paul Manafort voor de Janoekovitsj-regering. Zijn aanklacht in April 2019 was een verrassing. Het is echter zijn proces gepland voor 19 Augustus 2019, dat de omvang van het Oekraïense debacle in het hele Speciaal Aanklager-onderzoek gaat bepalen dat zeker nog vele maanden of misschien zelfs nog vele jaren zal weerklinken.

V: The Russians

We zullen waarschijnlijk het grote plaatje missen en de ernst ondermijnen van het werk van het Speciaal

Aanklager-onderzoek naar Russische inmenging bij de Amerikaanse verkiezingen van 2016 en verdachte banden tussen Donald Trump-medewerkers en Russische functionarissen als we niet blijven stilstaan bij de Russen die gevangen zaten in de vizier van het Speciaal Aanklager-onderzoek en vond een plek in het Mueller-rapport, en meer in het bijzonder als we ons in plaats daarvan of uitsluitend richten op de Amerikaanse acteurs in wat een moeder wordt genoemd die moeder Rusland als de belangrijkste schurk die zijn kinderen liet "verontreinigen" de heiligheid van Amerikaanse verkiezingen door het Amerikaanse kiesmechanisme te hacken en enkele van de actoren die bij de campagnes en verkiezingen betrokken zijn te beïnvloeden.

Hoewel geen enkele Russische burger is veroordeeld of veroordeeld, zijn de meeste mensen die tot nu toe zijn aangeklaagd Russen geweest. We kunnen de aangeklaagden onderverdelen in drie categorieën:

1. De in Oekraïne geboren Konstantin Kilimnik, die na zijn hogere opleiding in Rusland en zijn eerste jaren daar ook Russisch staatsburgerschap bezit, onderscheidt zich als de meest prominente Rus die door de jury van het Speciaal Aanklager-onderzoek wordt aangeklaagd wegens beschuldiging van obstructie van justitie en van samenzwering om gerechtigheid te belemmeren door te proberen met een getuige te knoeien namens Paul Manafort. Kilimnik, die meer dan een decennium vanaf zijn basis in de Oekraïense hoofdstad Kiev werkte,

wordt gezien als banden met de Russische intelligentie, iets dat hij herhaaldelijk en heftig heeft ontkend. Wat hij echter niet kon ontkennen, waren zijn connecties met Russische en Oekraïense zakelijke moguls, waaronder Oleg Deripaska, Rinat Akhmetov en Serhiy Lyovochkin. Het Mueller-onderzoek zag criminaliteit in zijn zakelijke contacten met Manafort in de lente en de zomer van 2018, toen hij zogenaamd diende als een kanaal tussen Manafort en belangen die zich verzetten tegen de post-Yanukovych Amerikaanse / door de EU gesteunde regering in Oekraïne - dat wil zeggen degenen die tegen de voormalige Oekraïense president Janoekovitsj, Rusland en pro-Russische strijdkrachten in Oekraïne. Kilimnik sloot op zijn 8 Juni 2018, aanklacht via een e-mailuitwisseling met de Washington Post op 5 April 2019, waar hij onder andere het volgende verklaarde: *"Ik heb geen banden met Russisch of, overigens, geen inlichtingenoperatie ... Dit is een van de grootste fouten in de publieke perceptie en in het rapport. Het is simpelweg niet gebaseerd op feiten en is een verzonnen verhaal ... Ik heb absoluut niets te maken met de inmenging van Rusland in de Amerikaanse verkiezingen die door de heer Mueller zijn onderzocht."*

De vangst is echter dat, hoewel hij de Sovjet- en later Russische inlichtingendienst heeft opgeleid en opgeleid aan de Militaire Universiteit van Moskou, hij ook beweert dat hij in het begin van de jaren

2000 werd ontslagen bij de Russische Federale Veiligheidsdienst.

2. Drie dagen voordat president Donald Trump de Russische president Vladimir V. Poetin ontmoette in Helsinki, Finland, beschuldigde het speciale onderzoek 12 Russen die als inlichtingenagenten werden beschouwd voor de Russische GRU (de buitenlandse militaire inlichtingendienst van de generale staf van de gewapende Krachten van de Russische Federatie) omdat ze het Democratisch Nationaal Comité en de presidentiële campagne van Clinton hebben gehackt. Onder verwijzing naar een litanie van brutale schijnoperaties die deze agenten zouden hebben uitgevoerd met de bedoeling om kort voor 8 November 2016 chaos te zaaien, presenteerde de 29 pagina's tellende aanklacht een zaak tegen Rusland die voor een gemiddelde persoon moeilijk te verwerpen is. De vermeende acties van de Russische agenten omvatten witwassen, phishing en toegang tot de verkiezingsraad van verschillende staten in de VS. Pro-Trump-troepen en Rusland beschouwden de timing van de aanklacht echter als een goed geplande poging om de top van Helsinki van 16 Juli 2018, de eerste tussen de twee presidenten, te torpederen, waarvan ze hoopten dat de zich ontwikkelende Koude Oorlog tussen Rusland zou ontdooien en de VS en zijn bondgenoten die werden aangewakkerd door de omverwerping van de

Janoekovitsj in Oekraïne, de machtsovername door pro-westerse troepen in Oekraïne, de annexatie van Rusland door de Oekraïense provincie Krim (tot 1956 toen Sovjet-Rusland de toenmalige leider van de Sovjetunie Nikita Chroesjtsjov bracht het over naar de Sovjetrepubliek Oekraïne) en het gewapende conflict in Donbass (de provincies Lugansk en Donetsk, de bolwerken van de afgezette Oekraïense president). Het feit dat geen van de twaalf Russische geheime agenten zijn aangeklaagd, vooral omdat ze in het buitenland wonen, veilig weg van de Amerikaanse jurisdictie, maakt de verifieerbaarheid van de beschuldigingen tegen hen inderdaad moeilijk en controversieel. Bovendien beschermt de grondwet van Rusland, net als die van de VS, zijn burgers over het algemeen tegen uitlevering en deportatie. Dat is de reden waarom het zeer onwaarschijnlijk is dat een van de Russische burgers voor een oordeel naar de Verenigde Staten wordt gebracht.

3. Van de 13 Russen en drie bedrijven die op 16 Februari 2018 zijn aangeklaagd wegens hulp aan de Donald Trump-campagne, wordt gezegd dat ze het onderdeel vormen van Russische inmenging dat het Speciaal Aanklager-onderzoek blijkbaar geen direct handwerk van Russische inlichtingendiensten in overweging neemt. Beschreven als een geavanceerd netwerk dat gerichte kandidaten en het Amerikaanse politieke systeem ondermijnde, betrof de

interconnectie onder andere een soepel functionerend internetonderzoeksbureau in de Russische keizerlijke stad St. Petersburg en zou het zich hebben uitgebreid tot de sociale feeds in de VS door middel van sociale media campagnes gericht op het plukken van Amerikanen, het verergeren van hun politieke verdeeldheid en het organiseren van bijeenkomsten, vooral in de verkiezingsstrijdstaten, allemaal ten voordele van Donald Trump. Sommige van de 13 aangeklaagde Russische burgers waren klanten van Richard Pinedo die via internet bankrckeningen van hem kochten. Het feit dat alle drie de aangeklaagde bedrijven eigendom zijn van de horecamagnaat Yevgeny Prigozhin, die naast een van de 13 aangeklaagden ook toevallig verschillende diners heeft georganiseerd voor buitenlandse hoogwaardigheidsbekleders waar Vladimir Poetin ook aanwezig was, geeft de hele zaak een bizarre draai. Net als in de andere categorie zaken waarbij Rusland betrokken was, werd geen vooruitgang verwacht bij deze aanklachten. Dus toen op 8 mei 2019 een paar advocaten van een van de aangeklaagde bedrijven - Concord Management and Consulting, LLC - de verwachtingen overtroffen door aan de federale rechtbank in Washington te verschijnen om niet schuldig te verklaren aan de aanklachten, stellen ze de claims ter discussie. door het kantoor van Mueller dat de Russische regering niet had meegewerkt aan hun inspanningen om dagvaarding te geven aan personen die werden beschuldigd van betrokkenheid bij een meedogenloze, goed gefinancierde en veelzijdige operatie die de presidentsverkiezingen van 2016 ondermijnt.

Vandaag is het duidelijk dat de langverwachte uitspraken over de zaken waarbij Michael Flynn, Rick Gates en Roger Stone betrokken zijn, de Amerikanen niet zoveel beroeren als vóór het verschijnen van het rapport van het Speciaal Aanklager-onderzoek. Volgens sommigen heeft het Mueller-rapport Donald Trump en zijn samenspanningsteam met Rusland onbedoeld vrijgesproken en daarmee de zaak betreffende de betrokkenheid van Rusland en Russen bij de uitslag van de presidentsverkiezingen van 2016 verzwakt.

De vraag is nu of de regering-Donald Trump zijn dertig maanden van zijn ambt zal winnen door te putten uit zijn successen, de tools te beheersen voor het overwinnen van de uitdagingen waarmee het en Amerikanen worden geconfronteerd, voortbouwend op zijn sterke punten, de bedreigingen te neutraliseren om en door gebruik te maken van de kansen die het met succes kan benutten om het de komende zeventien maanden op zo'n positieve manier door te voeren dat het zijn kansen op het winnen van de presidentsverkiezingen in 2020 zou vergroten, waardoor Donald Trump ondanks de sterke oppositie van de tegenstanders, vijanden en rivalen van de president.

Een Samenvatting van Degenen door het Mueller-onderzoek Zijn Aangeklaagd

NAAM	BESCHULIDGEN	RESULTATEN
Roger Stone, voormalig adviseur van Donald Trump	Aangeklaagd wegens liegen tegen het Congres, obstructie en geknoei met getuigen.	Pleitte niet schuldig
Voormalige advocaat van Donald Trump	Valse verklaringen aan het Congres	Pleitte schuldig; veroordeeld tot 3 jaar gevangenisstraf 12 December 2018
Paul Manafort, voormalig campagnevoor zitter Donald Trump	Twee federale zaken met belasting- en bankfraude, witwassen en belemmering van justitie	7,5 jaar gevangenisstraf; $ 24 miljoen aan restitutie
George Papadopoulos, voormalige campagne-assistent van Donald Trump	Liegen tegen de FBI	Pleitte schuldig; veroordeeld tot 14 dagen gevangenisstraf.

	NAAM	BESCHULIDGEN	RESULTATEN
	Michael Flynn, voormalig beveiligingsad viseur van de nationale	Liegen tegen de FBI	Pleitte schuldig; veroordeling vertraagd.
	Rick Gates, voormalige campagne-assistent van Donald Trump	Conspiracy, liegen tegen de FBI en het speciale kantoor van de advocaat	Pleitte schuldig; samenwerken met officieren van justitie..
	Alex van der Zwann, advocaat	Liegen tegen de FBI	Pleitte schuldig; veroordeeld tot 30 dagen gevangenisstraf.
	Richard Pinedo, gegevensmake laar	Identiteitsfraude	Pleitte schuldig; veroordeeld tot zes maanden gevangenisstraf.
	Konstantin Kilimnik, medewerker van Paul Manafort	Obstructie van rechtvaardigheid, samenzwering om rechtvaardigheid te belemmeren	

	NAAM	BESCHULIDGEN	RESULTATEN
	12 inlichtingenag enten voor de Russische GRU	Samenzwering om computer criminaliteit, identiteitsdiefstal, witwassen van geld te plegen	
	NAAM	BESCHULIDGEN	RESULTATEN
	13 Russen en drie gelieerde bedrijven	Samenzwering om de Verenigde Staten te bedriegen, samenzwering om bankfraude te plegen, identiteitsdiefstal	
	NAAM	BESCHULIDGEN	RESULTATEN

BRON: Federale rechtbank indieningen via AP

HOOFDSTUK FIER

Voorloper

Cassandra (ook wel Alexandra genoemd) in de Griekse Mythologie was een Trojaanse prinses en ziener die werd vervloekt met de bevoegdheden om profetieën uit te spreken die, hoewel waar, nooit werden geloofd door de mensen om haar heen, vooral degenen die de profetieën moesten helpen omdat ze de macht was ontnomen van overtuiging. Haar meest opvallende profetieën waren de ontvoering van Helen door haar broer Parijs, de Trojaanse oorlog en de vernietiging van Troje.

Het is prima als de verschillende kampen in een race zichzelf ervan overtuigen dat ze hun tegenstanders kunnen overwinnen. Dat is tenslotte de essentie van competitie of de reden waarom mensen en entiteiten concurreren - ze kijken ernaar uit om te winnen en de voordelen van hun overwinningen te krijgen. In feite zijn ze niet alleen van plan om te winnen; ze verwachten hun tegenstanders te overwinnen op een manier die hun overwonnen rivalen ervan weerhoudt hen opnieuw uit te dagen. En omdat het vaak het geval is, stopten ze niet tot het laatste moment met het voorbereiden van de wedstrijddag.

Het uiten van angsten of zorgen over je tegenstander wordt vaak gezien als een maat voor je begrip van de kracht van de concurrent (en) of de concurrentie die je tegenkomt. De angst kan verlammend werken als je je ervan laat overweldigen. Echter, als het gaat om de echte verhuizers en schudders van deze wereld, is angst vaak een motivator, het schot dat hen uit hun zelfgenoegzaamheid zou opwekken en hun zintuigen zou prikkelen, hen voortbewegend om obstakels te overwinnen waarvan ze niet hadden gedacht dat ze voor een korte tijd zouden overwinnen. tijdje geleden. De angst versterkt hen dan; de angst wordt een kracht, een kanaal naar kennis. Sun Tzu, de oude maar beroemde Chinese generaal, militair strateeg, schrijver en filosoof, heeft tenslotte toch het belang van het kennen van je vijand in zijn gedenkwaardige boek "De Kunst van Oorlog" niet verteld, toen hij onder andere schreef dat *"Als je kent de vijand en kent jezelf, je hoeft niet bang te zijn voor het resultaat van honderd veldslagen."*

Dat is de reden waarom wanneer elementen van de

linkse media, vooral diegenen die in de loop van de jaren een reputatie hebben verworven omdat ze kwaadaardig zijn tegen de 45e president van de Verenigde Staten van Amerika, zorgen uitten die hun publiek expliciet of impliciet vertelden dat zij ook Donald Trump denken heeft een grote kans om de presidentsverkiezingen van 2020 te winnen, tenzij er iets dramatisch gebeurt, we worden geacht ze serieus te nemen. Sommigen zien deze merkwaardige anti-Trumpisten die sentimenten echoën als boodschappers van onheil, niet wetende dat er anderen zijn die iets complexers onderscheiden in de verklaringen van de veronderstelde doemdenkers. Deze vragende anti-Trump-mensen zien kennis, zo niet wijsheid wordt door de 'cassandristen' in de media verspreid. In zekere zin waarschuwen de anti-Trump-media die deze ogenschijnlijk negatieve opvattingen weerspiegelen inderdaad de Democratische hoopvolken en de Democratische Partij in het algemeen om de man die ze de afgelopen vier jaar hebben achtervolgd niet te onderschatten in de hoop hem te ontwrichten.

Een artikel van Vox.com van 22 Maart 2019 weergalmde dat sentiment in de eerste alinea die luidde als volgt: *"Voor Democraten is er één grote angst op weg naar de verkiezingen van 2020: een bloeiende economie kan Donald Trump redden."*

Het is echter het artikel van Goldman Sach op 25 Juni 2019 waarin Donald Trump wordt begunstigd om herverkiezing te winnen in 2020 dat wenkbrauwen opwerpt. Onder de titel 'De Goldman Sachs Donald Trump-kaart die de democraten nu zou moeten schrikken', ging ze uit van het artikel op Vox.com door de Bruto Binnenlands Product (BBP) -matrix te gebruiken, hoewel dit niet de volledige maatstaf is voor het economische welzijn van een land, is nauw gecorreleerd met eerdere verkiezingswinsten in de VS als de economie niet krimpt of stagneert, en meer in het bijzonder als de groei van het BBP goed is. Het artikel van Goldman Sachs was beknopt in zijn voorspelling of voorzichtigheid toen het schreef: *"Meer ter zake is dat de economie zou kunnen verzwakken vóór de verkiezingen. Maar Goldmans schatting van 2,2% groei vertegenwoordigt al een vertraging ten opzichte van 2,9% vorig jaar. Het is misschien nog net voldoende."*

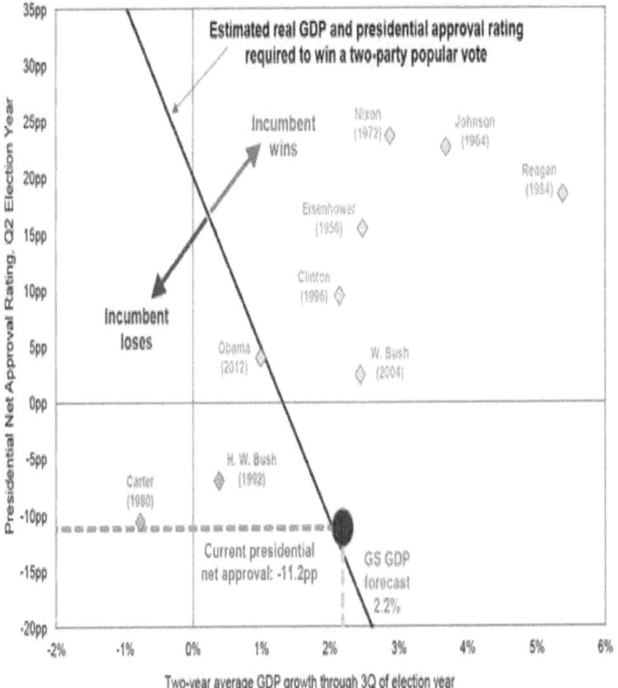

Het is niet moeilijk te begrijpen waarom de Amerikaanse multinationale investeringsbank en financiële dienstverlener zo veel op de economie moesten blijven stilstaan. Het is een bedrijfsentiteit en daarom gedijt het op een robuuste economie omdat een bloeiende economie goed is voor bedrijven. Dat is de reden waarom Goldman Sachs een onvermijdelijke overwinning van Donald Trump in 2020 ziet als de presidentsverkiezingen voornamelijk op de rug van de economie worden betwist. Er zijn echter andere factoren die Donald Trump kan inzetten om de 2020 presidentsverkiezingen te winnen, ondanks de economie of in aanvulling daarop. Een van hen heeft meer te maken met psychologie dan iets anders. Gevestigde bedrijven hebben een kans van 2 op 1 om herverkiezing te winnen, zoals de onderstaande tabel duidelijk laat zien. Incumbency en de voordelen die het met zich meebrengt, zijn echter niet iets om in dit hoofdstuk op in te gaan. We zullen kijken naar de dingen die de Verenigde Staten van Amerika doen tikken en hoe Donald Trump hiervan profiteert om de 2020-race voor het Witte Huis te winnen.

Regio's van de Verenigde Staten van Amerika

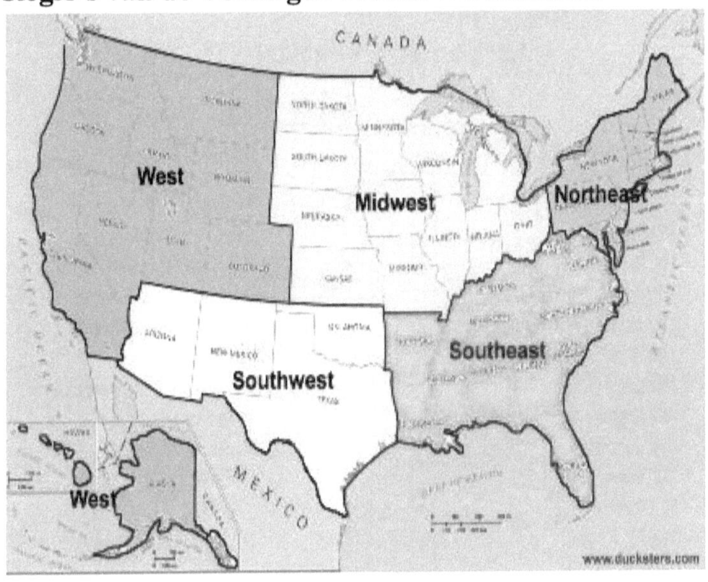

Midwest	Midwest
Northwest	Noord-West
Southeast	Zuidoosten
Southwest	Zuidwesten
West	Westen

TABLE 2

Has the Party Holding the Presidency Kept It?[a]

Elections with an Incumbent Candidate Running	
Yes, Kept the Presidency (N = 21)	No, Lost the Presidency (N = 10)
1792 Washington	1800 J. Adams lost to Jefferson
1804 Jefferson	1828 J.Q. Adams lost to Jackson
1812 Madison	1840 Van Buren lost to W.H. Harrison
1820 Monroe	1888 Cleveland lost to B. Harrison
1832 Jackson	1892 B. Harrison lost to Cleveland
1864 Lincoln	1912 Taft lost to Wilson
1872 Grant	1932 Hoover lost to F.D. Roosevelt
1900 McKinley	1976 Ford lost to Carter
1904 T. Roosevelt	1980 Carter lost to Reagan
1916 Wilson	1992 G.H.W. Bush lost to Clinton
1924 Coolidge	
1936 F.D. Roosevelt	
1940 F. D. Roosevelt	
1944 F.D. Roosevelt	
1948 Truman	
1956 Eisenhower	
1964 L.B. Johnson	
1972 Nixon	
1984 Reagan	
1996 Clinton	
2004 G.W. Bush	

Has the Party Holding the Presidency Kept it?	Heeft de partij die het voorzitterschap bekleedt het gehouden?
Elections with an Incumbent Candidate Running	Verkiezingen met een zittende kandidaat-kandidaat
Yes, Kept the Presidency	Ja, hield het voorzitterschap vast
No, Lost the Presidency	Nee, het voorzitterschap verloren

In onze hand in hand reis om die factoren te analyseren die de resultaten van de presidentsverkiezingen van 2020 zouden bepalen, zullen we de nooit eerder doorgrondige discussies gepresenteerd krijgen die in de verschillende regio's van het land worden verfijnd om de 2020 race naar de Witte te maken Huis de meest kleurrijke van zijn tijd.

www.ingramcontent.com/pod-product-compliance
Lightning Source LLC
Chambersburg PA
CBHW031139250726
48655CB00002B/750